KB247764

패션으로 개성과 자신감을 표현하는
패션디자이너

패션으로 개성과 자신감을 표현하는
패션디자이너

패션으로 개성과 자신감을 표현하는

패션디자이너

곽현주 지음

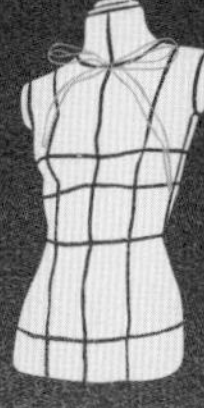

"
패션은 일상생활에 녹아 있을 뿐만 아니라,
그것을 어떻게 활용하느냐에 따라
자기 자신을 표현하며 상황과 장소에서 힘을 갖는 위력이 됩니다.
"

FASHION DESIGNER

TALK SHOW

패션은 즉각적인 언어다.

- 미우치아 프라다 Miuccia Prada

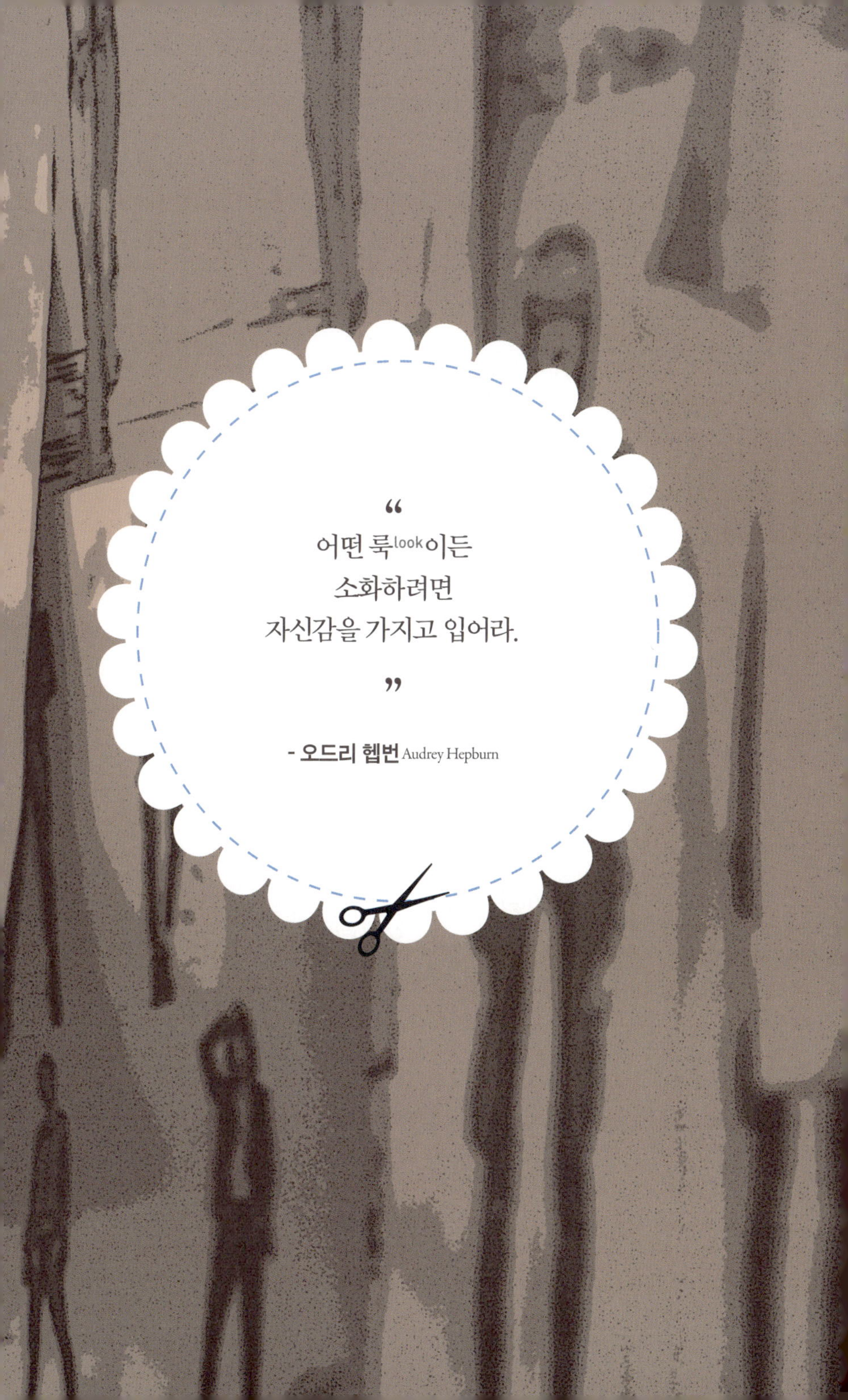
"
어떤 룩look이든
소화하려면
자신감을 가지고 입어라.
"

- 오드리 헵번 Audrey Hepburn

C·O·N·T·E·N·T·S

C·O·N·T·E·N·T·S

SHION DESIGNER

패션디자이너 곽현주의 프러포즈

패션디자이너를 꿈꾸는 청소년 여러분, 안녕하세요? 패션디자이너 곽현주입니다.

이 책을 통해 영감을 얻고, 꿈을 키우며, 현실로 이루어 K-패션을 이끌어갈 여러분을 상상하며 설레는 마음으로 이 책의 시작을 알립니다.

패션은 이미 여러분 곁에 있습니다. 패션은 일상생활에 녹아 있을 뿐만 아니라, 그것을 어떻게 활용하느냐에 따라 자기 자신을 표현하며 상황과 장소에서 힘을 갖는 위력이 됩니다. 어떤 이유에서든 패션은 우리의 삶에서 떼려야 뗄 수 없습니다. 잠을 잘 때, 식사를 하러 갈 때, 학교에 갈 때, 직장을 갈 때, 결혼할 때, 운동할 때 등등 상황과 장소, 계절, 목적에 따라 가장 먼저 떠올리는 것이 패션이기 때문입니다.

이러한 힘을 가진 일을 하는 패션디자이너는 적게는 3개월, 많게는 1년을 내다보며 트렌드를 만들고, 실생활에 꼭 필요한 의복부터 아트웨어까지 디자인합니다. 컬렉션, 프레젠테이션, 협업 전시 등 다양한 콘텐츠와 툴을 통해 여러분 가까운 곳에 존재한다는 점에서 더 큰 의미가 있습니다.

패션디자이너는 정치·경제·사회 전반의 흐름에 따른 트렌드와 패션 트렌드를 접목해 콘셉트와 타깃에 맞는 무드를 설정하고, 실루엣·컬러·소재를 기획하며, 그에 맞는 디테일과 스타일을 적용한 디자인을 선보입니다.

패션은 트렌드가 되어 산업과 문화에 영향을 주고 역

사를 쓰며 시대를 대변합니다. 여러분이 입는 옷부터 K-패션을 이끄는 아이돌들의 무대 의상까지, 왜 이 옷이 탄생했고 어떤 과정을 거쳐 만들어졌는지, 무엇을 상징하며 어떤 영향력을 가지는지를 상상하고 추적하며 패션을 즐기시길 바랍니다.

미우치아 프라다는 "패션은 즉각적인 언어"라는 명언을 통해 패션이 단순한 옷차림이 아니라 자신을 표현하는 수단임을 시사했습니다. 또한 오드리 헵번은 "어떤 룩이든 소화하려면 자신감을 가지고 입어라"라고 말하며, 자신감이 패션의 완성임을 강조했습니다.

여러분도 패션디자이너로서 자신감을 가지고 자신을 표현하시길 바랍니다. 일상생활의 영역에서 나아가 전문

가의 영역까지 한 걸음 더 다가가며, 더욱 깊이 있게 패션을 즐기시길 기대합니다.

이제 저와 함께 패션디자이너의 길을 시작해 볼까요?

ASHION DESIGNER

첫인사

편 토크쇼 편집자
곽 곽현주 패션디자이너

편 오늘은 패션에 삶의 의미를 담아 개성을 창조하는 패션디자이너를 모셨습니다.

곽 안녕하세요, 현재 곽현주컬렉션을 비롯해 애플키튼과 어더와이즈 브랜드를 운영하는 곽현주입니다. '곽현주컬렉션'을 2003년에 설립했으니 독립 패션디자이너로 활동한 지 벌써 20년이 훌쩍 넘었네요.

편 얼마 전 열렸던 서울패션위크 2026 S/S에서 '패션은 시대와 사회를 담는 언어다. 늘 새로운 세대와 교감하며 자연과 기술을 아우르는 도전을 이어가고자 한다'라고 인터뷰하신 걸 보고 인상 깊었습니다. 데뷔 이래로 패션계에서 항상 독창적이고 세련된 감각을 지닌 디자이너라는 평을 얻고 있으신데요. 그 비결은 뭔가요?

곽 음… 글쎄요. 이유를 만든다면 옷 만드는 게 너무 좋다? (웃음) 이게 아닐까요. 제가 대학에 들어갔을 때는 디자이너는 직접 옷을 만들 필요가 없다는 인식이 강했어요. 어떤 선생님들은 학생들에게 제작보다는 감성에 집중하고 디자인에 몰두하라고 권하는 분위기였어요. 또 "일러스트 학원에 다니면 창의성이 떨어진다, 예술 감성이 사라진다"라는 말씀도 하셨죠. 디자이너는 예술적이고 창의적인 작업만 하면 된다는 생각이었죠. 그런데 저는 정반대로 움직였어요. 봉제하는 곳에 놀러 가서 "이건 어떻게 만들어요?", "제가 다림질 도와드릴게요"라며 배우고, 옆에서 바느질하는 모습을 지켜보는 게 즐거웠어요. 저는 늘 기술적인 부분에 호기심이 많았어요. 어떤 때 부재료를 넣어 봉제하는지, 다림질 방향은 왜 꼭 그렇게 다려야 하는지, 밑단을 바느질할 때는 왜 약간 당겨야 하는지 같은 세심한 부분까지 꼬치꼬치 물어봤죠. 그분들이 볼 때는 귀찮았을 텐데, 다들 또 친절하게 알려주셨죠. 너무 감사했어요. 또 저는 옷을 직접 다 해체해서 안감, 심지, 다림질 방향까지 전부 연구했어요. 옷이 완성되는 원리를 파악하는 게 재미있었거든요.

편 옷을 해체하셨다니 정말 호기심이 많은 학생이었네요.

곽 네, 저는 그런 걸 너무 좋아했어요. 궁금한 게 있으면 직접 뜯어보지 않으면 잠이 안 올 정도였고, 꿈에서도 해체하는 장면을 꾸곤 했어요. 어떻게 박음질을 했는지 눈으로 직접 확인해야만 속이 시원했거든요. 그래서 옷을 뜯었다가 다시 박고, 왜 그렇게 짚어 박는지 하나하나 확인했죠. 그런 과정으로 옷 한 벌을 만드는 것이 왜 그토록 어려운지 몸으로 느끼고 배우는 소중한 경험이었어요.

편 바느질이 쉽지는 않을 텐데, 왜 그렇게 좋아하셨어요?

곽 쉽지 않죠. 하지만 저는 중고등학교 때도 딱 떨어지는 답이 있는 수학을 가장 좋아했어요. 어릴 때 주산을 배웠는데 수학 경시대회에 나갈 정도로 이과 체질이었죠. 옷이 수학과 다를 것 같지만 그렇지 않아요. 사람의 몸은 입체적이어서 수백 개의 선이 사람 몸에 존재해요. 그 작은 선들을 아주 세심하게 계산하여 하나하나 이어야 정확한 몸의 형태가 나오기 때문에 수학과 유사한 부분이 있죠. 그 선이 딱 맞고, 형태가 정확히 맞아떨어지는 옷을 보면 희열이 느껴져요. 애매한 건 싫어하는 성격이라, 패션도 그런 부분에서 제 흥미와 잘 맞았던 것 같아요.

편 대학 시절에도 남다른 학생이었네요.

곽 우리 과에서는 저처럼 적극적으로 봉제나 제작을 파고드는 학생이 거의 없었어요. 그래서였는지 졸업 작품 4개를 직접 손으로 다 만든 학생은 저 혼자뿐이었죠. 선생님들의 반응은 엇갈렸어요. 한 분은 디자이너가 저렇게까지 스스로 다 하는 건 지양해야 한다고 싫어했지만, 또 다른 분은 "네가 직접 다 해내다니 대단하다"라며 높이 평가해 주셨어요. 대학원 시절에도 교수님 눈에 띄고 싶은 욕심이 있어서 그랬는지 엉뚱한 일에 열과 성을 다했어요.

편 어떤 일을 하셨는데요?

곽 대학원 다닐 때 교수님 연구실에서 조교를 했어요. 그때 교수님이 "현주야, 이런 색의 거즈 원단에 이런 컬러를 써보고 싶다"라고 지나가듯이 말씀하시면 저는 밤새 거즈에 염색해서 다음 날 교수님이 연구실 문을 열었을 때 '짠!' 하고 보여드렸어요. 그러면 교수님이 "현주야, 너는 마술사 같다"라고 칭찬하시는 거예요. 제 돈과 시간을 들여 한 일이지만 교수님께 인정받는 게 너무 기뻤어요. 또 어떤 날은 교수님이 길에서 나뭇가지를 주워 오시더니 "이 위에 새가 진짜처럼 앉아 있으면 멋지지 않겠니? 새는 무슨 색이 좋을까?" 하고 물으셨어요. 사실 교수님은 늘 검정, 흰색, 빨강 사이에서 고민하는 분이신데, 제가 "빨간색이요!"라고 답했죠. 그리곤 직접 빨간 깃털을 사 와서 모형 새에 본드로 하나하나 붙여서 나뭇가지에 올려놓았어요. 조교 기간이 끝나 다른 후배에게 일이 넘어갔을 때는 서운하기도 했어요. '왜 나를 안 시키고 다른 사람을 시키셨을까? 내가 더 잘할 수 있는데'라는 욕심이 있었죠. 어떻게 보면 그때부터 제가 조금 남다른 집요함이나 '똘끼'가 있었던 것 같아요.

편 대표님은 호기심도 많고, 실행력도 있고, 하고 싶은 디자인 아이디어도 정말 많으신 것 같아요.

곽 늘 새로운 아이디어가 떠오르고, 하고 싶은 것도 많아요. 그래서 사람들이 "왜 나이가 들어도 옷이 늙지 않고, 오히려 젊어지느냐"고 묻곤 해요. 저는 나이에 맞는 옷을 만드는 것보다, 항상 젊고 새로운 옷을 만들고 싶다는 열정이 크거든요.

편 매년 패션쇼를 열고, TV 프로그램에 참여하시고, 스타들의 옷을 제작하시는 등 여러 분야에서 활발한 활동을 하시는데요. 워낙 유명하셔서 대표님을 롤모델로 삼은 학생들도 꽤 있을 것 같아요.

곽 어떤 학생이 제 패션쇼를 보고 감명을 받아 디자이너의 꿈을 키워 저의 모교인 이화여대에 진학했대요. 교수님께서 저를 롤모델로 삼아 공부해서 진학한 학생이 있다는 이야기를 전해주셨을 때 정말 감동이었죠. 또 지금 활동하는 디자이너 중에도 "내가 처음 본 쇼가 곽현주 쇼였다"고 말하는 사람들도 여럿 있고요. 최근에는 인스타그램을 통해 인터뷰를 요청한 중학생 세 명이 있었어요. 부산에서 서울까지 저를 찾아와 이야기를 나눌 만큼 적극적이었죠. 패션에 대해 막연히 동경만 하던 친구들이었는데, 대화를 나눈 뒤에는 "생각보다 힘든 일이라는 걸 알게 됐다"면서 진로를 더 진지하게 고민해보겠다고 하더라고요. 참 똘똘한 친구들이구나 싶었고, 진로를 고민하는 아이들에게 작게나마 도움이 된 것 같아 의미 있는 시간이었어요. 그런 경험이 있어서 잡프러포즈 시리즈에 책을 내자는 제안을 받았을 때 흔쾌히 수락하게 되었죠..

편 패션디자이너를 꿈꾸는 청소년에게 이 직업의 세계를 누구보다 잘 소개해 주실 분이라 앞으로 전개될 이야기가 무척 기대되는데요. 잠깐 이야기를 나누는 중에도 대표님의 열정을 느낄 수 있어서 좋았습니다. 이 열정이 청소년 독자에게도 고스란히 전해지기를 바라며 패션디자이너 편을 시작합니다.

SHION DESIGNER

패션
디자이너의
세계

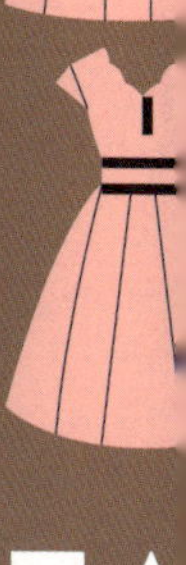

패션디자이너는 어떤 일을 하는 직업인가요?

편 패션디자이너는 구체적으로 어떤 일을 하는 직업인가요?

곽 패션디자이너를 '옷을 그리는 사람'이라고 생각하기 쉬운데, 실제로는 훨씬 복합적인 일을 하는 직업이에요. 기본적으로 시즌별 트렌드를 분석하고, 사회문화적 흐름과 소비자의 요구를 반영해 컬렉션 콘셉트를 기획해요. 콘셉트가 정해지면 스케치를 하고, 원단과 색상을 선정하며, 패턴 제작과 샘플링 과정을 거쳐 옷을 완성해 나가죠. 단순히 디자인뿐 아니라 리서치, 생산 관리, 브랜드 운영, 마케팅까지 전 과정에 관여해요.

편 이제 한 단계씩 알아보겠습니다. 먼저 시즌 의상의 콘셉트는 어떻게 정하나요?

곽 저는 주로 라이프스타일에서 영감을 받아 무드Mood를 설정해요. 그러면서도 그 시기에 유행하는 트렌드를 적절히 반영하죠. 24S/S 시즌 컬렉션에는 '벨벳 토끼The Velveteen Rabbit'를 주제로 했는데, 당시에는 발레 코어Ballet core 스타일이 유행했어요. 그래서 벨벳 토끼라는 스토리텔링 안에 발레풍 리본이나 튤 소재 같은 요소를 녹여 넣었죠.

편 트렌드를 반영하면서도 미래를 이끌어 가는 패션을 창조하는 게 중요할 것 같아요.

곽 패션은 시대의 거울이라고 할 수 있어요. 그 시대에 유행하는 흐름을 컬렉션 속에 어느 정도 담아내야 하거든요. 예를 들어, 퓨처리즘Futurism이 유행한다면, 부인복 같은 경우 단추 하나만 금속으로 바꿔도 퓨처리즘적인 느낌을 줄 수 있고, 트렌드를 더 강하게 반영하려면 옷 전체를 은색 반짝이 원단으로 제작하기도 하죠. 디테일도 시대적 분위기가 담기는데요. 리본 장식 같은 건 발레 코어로 읽힐 수 있고, 기능적인 디테일이 들어간 옷들은 스포티즘Sportism의 흐름을 보여줍니다. 그래서 과거의 옷들을 보면, 그 시대에 어떤 유행이 있었는지를 읽을 수 있어요.

편 실제 옷은 어떻게 만들어지나요?

곽 먼저 스케치를 토대로 패턴 메이킹을 진행해요. 경우에 따라 디자이너가 직접 패턴을 그리기도 하고, 전문 패턴사와 협업도 하지요. 이후 원단을 선정하고, 샘플 의상을 제작해 피팅을 해보는데요. 이때 옷의 움직임, 착용감, 비율이 의도대로 구현되는지 꼼꼼히 확인해요. 샘플이 완성되면 수정 작업을 반복하면서 최종 디자인을 완성합니다. 반대로 원단을 제

일 먼저 선택할 수도 있고, 패턴을 먼저 제작한 후 스케치를 진행할 수도 있어요. 유기적으로 그 과정의 순서는 매번 변할 수 있습니다.

편 디자이너가 브랜드 운영에도 직접 참여하나요?

곽 네, 요즘은 디자이너가 단순 창작자에 머무르지 않고 브랜드 경영자 역할도 함께 맡는 경우가 많아요. 매출 분석, 마케팅 전략, 유통 관리까지 직접 챙겨야 하죠. 또 소비자와의 소통도 중요하기 때문에 인스타그램, 유튜브 같은 채널을 통해 브랜드 철학을 알리고, 새로운 고객층을 확보하는 일도 해요.

편 말씀을 듣고 보니 패션디자이너가 예술가적인 역량을 최대한 발휘하려면 자신의 브랜드를 가지고 운영하는 경영자가 되어야 하는 것 같아요.

곽 패션디자이너는 단순히 옷을 만드는 사람이 아니라, 시대와 사회를 반영해 사람들의 라이프스타일과 정체성을 제안하는 창의적인 역할이에요. 보통은 예술가와 경영자의 마인드가 어울릴 것 같지 않지만, 패션의 영역에서는 두 역할이 어우러졌을 때 디자이너의 창의성이 가장 빛나는 것 같아요.

디자이너에게 패션쇼는 어떤 의미인가요?

편 패션디자이너는 패션쇼에서 새 시즌의 옷을 선보일 때 언론의 주목을 많이 받는데요. 디자이너에게 쇼는 어떤 의미인가요?

곽 쇼는 디자이너가 한 시즌 동안 탐구한 주제, 영감, 메시지를 종합해 보여주는 결과물이에요. 음악가가 앨범으로 자신의 음악 세계를 드러내듯, 디자이너는 쇼를 통해 '이번 시즌 나는 어떤 이야기를 하고 싶은가?'를 시각적으로 표현하죠. 또한, 쇼는 디자이너에게 정체성을 확립하는 기회예요. 한두 벌의 옷을 제작하는 것으로는 디자이너의 색깔을 명확히 하기 어려워요. 하지만 컬렉션 단위로 작품을 선보이면, 반복되는 실루엣, 색감, 소재 사용법, 디테일을 통해 브랜드만의 고유한 정체성을 확립할 수 있어요. 패션업계에서는 이 일관성이 곧 경쟁력이 됩니다. 쇼는 단순히 예술적 실험이 아니라 바이어와 언론, 소비자와 직접 만나는 장이에요. 바이어들은 현장에서 옷의 디자인, 원단, 가격, 트렌드 반영 정도를 세심하게 살펴본 후 자신이 속한 매장이나 온라인 플랫폼에서 판매할 수 있을지를 판단해요. 이 과정에서 이루어진 주문은 곧 실제 유통과 매출로 이어지기 때문에 디자이너에게는 기

KWAKHYUNJOO

A P P L E K I
By. Kwak Hyun J

EN

회가 되는 거예요. 언론은 쇼를 통해 새로운 패션의 흐름을 취재하고, 이를 기사, 화보, 방송, SNS 콘텐츠 등 다양한 형태로 소개하는데요. 이들의 보도와 평가는 브랜드의 이미지와 인지도를 결정짓는 중요한 계기가 되며, 신인 디자이너에게는 세상에 이름을 알리는 기회가 돼요. 소비자 또한 쇼를 통해 브랜드의 새로운 시즌 분위기를 접하고, 입고 싶은 아이템을 미리 발견하게 되는 거죠. 이처럼 쇼를 선보이는 컬렉션은 업계 관계자와 대중을 연결하는 다층적 소통의 장이자, 패션이 시장으로 나아가는 출발점이라 할 수 있어요.

편 여러 가지 의미에서 컬렉션은 디자이너에게 중요하다는 것을 알았어요. 그렇다고 해도 매 시즌 새로운 컨셉트로 컬렉션에 참여하는 것은 쉬운 일은 아닌 것 같아요.

곽 어려운 일이죠. 하지만 저는 컬렉션에 참여하는 것을 좋아하고 즐기는 타입이에요. 컬렉션은 디자이너의 창작물이 시장으로 진입하는 첫 관문이기도 하지만 한 시즌의 기록이자, 디자이너 커리어의 발자취이기도 해요. 매 시즌이 쌓여 디자이너의 스타일 진화, 시대적 변화에 대한 반응, 브랜드 성장 과정을 보여주는 중요한 자료가 되죠. 그래서 세계적인 하우스 브랜드들은 수십 년 치 컬렉션 아카이브를 통해 브랜드

유산^heritage을 쌓아왔어요.

　결국 컬렉션은 패션디자이너의 언어이자 자기 증명서라고 생각해요. 창작 완성도와 브랜드 정체성을 동시에 보여주는 가장 중요한 무대이기 때문에, 디자이너들에게는 필수적이면서도 매 시즌 치열하게 준비해야 하는 과업이 되는 거죠.

편 패션쇼는 어떻게 준비하나요?

곽 쇼를 준비하는 과정은 하나의 종합 예술 작업에 가까워요. 의상은 기본이고, 모델 캐스팅, 음악, 무대 연출, 헤어·메이크업까지 총괄해야 하거든요. 단순히 옷을 보여주는 자리가 아니라 브랜드 세계관과 철학을 전달하는 무대이기 때문에, 콘셉트에 맞는 연출을 세심하게 기획해야 해요.

편 가장 먼저 하는 일은 무엇인가요?

곽 모든 디자이너마다 준비 과정은 달라요. 저의 경우는 먼저 컬렉션의 주제를 정하죠. 주제는 시즌 전체를 관통하는 콘셉트인데, 자연에서 영감을 얻기도 하고, 특정 시대적 분위기나 사회적 메시지를 담기도 합니다. 주제를 정한 다음에는 실루엣을 정해요. 실루엣은 옷의 기본 형태와 윤곽으로 오버핏으로 루즈하게 할지, 몸에 밀착된 타이트 스타일로 갈지, 혹은 X자 실루엣처럼 허리를 강조한 형태로 할지 등을 계획하는 거예요. 다음 단계는 주제와 실루엣에 어울리는 소재를 결정해요. 기능성 소재를 쓸 수도 있고, 심플한 기본 소재를 고를 수도 있죠. 요즘은 업사이클링 데님이나 친환경 신소재처럼 지속가능성을 고려한 원단이 각광받고 있어요. 또, 테크놀로지가 접목된 신소재도 많이 등장해서 선택의 폭이 넓어요.

편 디테일이나 프린트 같은 부분은 어떻게 계획하시나요?

곽 디테일은 옷의 개성을 좌우하는 장식이나 기술적 요소인데, 어떤 기법을 메인으로 활용할지 미리 정합니다. 그리고 옷감 위에 무늬나 그림을 입히는 프린트 작업은 주제에 맞는 패턴을 고안해요. 예를 들어, '물속의 웨이브'가 주제라면 나무의 결이나 파도의 흐름 같은 이미지를 직접 그려서 패턴을 개발하죠.

편 프린트는 어떻게 옷에 적용하나요?

곽 두 가지 방식이 있어요. 하나는 원단 전체에 반복 패턴으로 프린트를 넣는 방법이고, 다른 하나는 원 포인트 방식으로 티셔츠 가슴이나 소매, 이렇게 한 곳에만 강조하는 거예요. 이때는 프린트를 실제 크기로 출력해 옷에 대보면서 사이즈를 조정하는 작업을 거치며 원하는 이미지를 완성해요. 옷감에 문양을 넣는 방법과 재질감을 살리는 기법은 매우 다양한데요. 특수 필름에 원하는 그림이나 패턴을 인쇄한 뒤, 열과 압력을 이용해 옷감 위에 전사시키는 기법인 전사 프린트, 잉크에 고무 성분을 섞어 옷감 위에 인쇄해 두껍고 입체적인 질감을 만드는 고무나염, 옷감에 자수를 넣는 방법, 열을 이용해 필름을 옷감에 붙이는 폴리플렉스, 고무나염보다 부드럽지만 두께감이 있는 표현이 가능한 실리콘 프린트 등 여러 기법 중에서 가장 어울리는 방식을 적용해요. 요즘은 AI로 프린트를 시뮬레이션하거나 패턴을 그리는 경우가 많아요. 하지만 실제 옷감에 프린트를 해보고 만져봐야 느낌이 제대로 나오죠. 종이 위에 스케치한 것과 실제 원단 위에 구현된 것은 질감이나 무게감이 다르거든요. 그래서 반드시 샘플 테스트 과정을 거칩니다.

편 샘플 과정에서는 어떤 것들을 확인하나요?

곽 굉장히 세밀한 부분까지 체크해요. 어깨와 소매가 만나는 라인을 잡을 때 솔기 처리를 어떻게 할지 결정하는 것도 그중 하나인데요. 봉제를 진행할 때 완성선보다 밖에 튀어나온 원단 부분을 시접이라고해요. 이 시접을 왼쪽으로 몰지, 오른쪽으로 몰지에 따라 어깨 라인이 확연히 달라져요. 또, 지퍼도 방향을 어떻게 다느냐에 따라 옷의 느낌이 달라지죠. 거꾸로 달면 개성이 생기고, 투웨이 지퍼를 쓰면 활용도가 넓어지는 거예요. 때에 따라서는 옷의 형태를 잡아주는 심지를 사용하기도 해요. 심지는 옷의 특정 부분에 힘을 주기 위해 안쪽에 덧대는 보강재인데요. 심지를 붙이면 옷이 단단하고 구조적으로 서게 되고, 안 붙이면 자연스럽게 흐르는 부드러운 실루엣이 나와요. 경우에 따라 목판이나 칼라 부분에도 심지를 넣거나 본딩 처리를 해서 옷의 형태를 잡기도 하지요.

편 여기까지 하면 스케치 단계에서 계획한 디자인이 그대로 완성되나요?

곽 꼭 그렇지는 않아요. 처음에는 스케치대로의 느낌을 구현하려고 하지만, 샘플 제작 과정에서 원단의 성질이나 처짐 때문에 중간에 계획이 바뀌는 경우도 있어요. 예를 들어 소매 길이를 23인치로 설계했는데, 원단이 많이 처져 실제로 입어보니 25인치로 길어지는 경우가 있어요. 이럴 때는 수정을 해야 하죠. 그래서 이런 부분들을 계속 체크하고 수정해 나가는 과정이 필요해요.

편 말씀을 들어보니, 디자이너 혼자서 모든 걸 하는 건 아닌 것 같네요.

곽 맞아요. 디자이너 혼자 이 많은 일을 할 수는 없어요. 다

양한 분야의 전문가와 여러 사람들의 도움을 받아서 해야
하죠. 디자이너의 가장 큰 역할은 콘셉트와 아이디어, 디테일
방향을 제시하는 거예요. 그러면 모델리스트나 패턴사가 패
턴을 만들고, 봉제사는 옷을 바느질하고, 다림질 담당자가 형
태를 잡고, 단추를 다는 사람이 마무리하는 식으로 각자 역
할을 나눠서 진행하죠. 디자이너는 이런 과정을 총괄하면서
의도한 디자인이 제대로 구현되는지 계속 확인하고 조율하
는 역할을 합니다.

쇼의 무대도 디자이너가 연출하나요?

편 쇼를 위한 의상을 제작하는 것 외에도 준비할 것이 많을 것 같아요. 무대 연출도 디자이너가 직접 하나요?

곽 디테일한 무대 연출은 전문가에게 맡기지만 디자이너는 무대 전체를 어떻게 꾸밀지 처음부터 생각해 두어야 해요. 전체적인 구상을 한 후 무대 연출가, 무대 디자이너, 음악 담당자와 함께 계속 미팅하면서 구체적인 그림을 만들어 갑니다.

편 패션쇼에는 얼마나 많은 인원이 필요한가요?

곽 쇼 하나에 약 300명 정도의 스텝이 필요해요. 모델만 해도 40명 정도 되고, 헤어와 메이크업 담당자는 더 많이 필요해요. 모델이 무대에 나갈 수 있는 준비 시간은 2시간 간격으로 끝내야 하고, 다음 쇼 일정이 바로 이어져 모델이 겹치는 경우도 많아 굉장히 빠르게 진행되기 때문에 모델이 옷을 갈아입을 때 도와줄 헬퍼도 필요하죠.

편 모델 외에 또 어떤 인력이 필요한가요?

곽 관객을 안내할 진행 요원, 조명과 음악을 담당할 오퍼레이터, 포토월 촬영을 위한 사진작가와 영상팀 등 수많은 사람들이 필요해요. 패션쇼는 말 그대로 '생방송 같은 현장'이기 때문에 모든 역할이 동시에 맞물려야 합니다.

편 대표님은 쇼에서 어떤 역할을 하시나요?

곽 저는 쇼의 총괄 디렉터로 6개월 동안 준비한 결과물을 15~18분 안에 다 보여줘야 하는 역할이 있습니다. 연출자와 모델이 무대 위에 몇 명이 동시에 올라가야 지루하지 않은지, 동선은 어떻게 될지, 몇 번 턴을 해야 할지, 모델 워킹이 음악과 잘 맞는지, 조명은 어떤지, 셀럽과 관객이 들어올 때, 쇼 중일 때, 퇴장할 때까지의 무대 앞, 무대, 무대 뒤 모든 상황을 총괄합니다.

편 준비 과정이 굉장히 세밀하군요.

곽 네, 아주 디테일합니다. 모델이 신을 신발, 사용할 액세서리, 메이크업 콘셉트, 심지어 쇼에 온 셀럽들에게 드릴 선물까지 전부 체크해요. 또 수백 명의 모델의 오디션을 봐서, 제 무대에 설 40명을 추립니다. 가장 잘 맞는 모델에게 피팅을 반복하고, 리허설을 진행해요. 옷을 갈아입는 순서와 턴 계산까지 미리 다 맞춰야 쇼가 매끄럽게 진행되니까요.

편 드라마나 영화에서 보면 패션쇼 중에 피팅이 틀려서 고생하는 장면이 나오던데, 실제로도 그런 일이 있나요?

곽 우리나라에서는 그런 일이 거의 없어요. 미리 모든 모델에게 피팅을 해서 문제가 없도록 준비하거든요. 그런데 해외는 달라요. 우리 쇼에 서기로 했던 모델이 갑자기 샤넬 쇼에 캐스팅되면 그냥 안 오는 거예요. 그래서 대체 모델을 몇 명씩 준비해 두지만, 막상 무대에 서는 순간엔 모델에게 옷이 딱 맞지 않을 수도 있어요. 그럴 땐 어쩔 수 없이 그대로 나가야 해요.

편 쇼 현장에서 예상치 못한 실수도 생기나요?

곽 모델이 새 옷으로 갈아입어야 하는데 정신이 없어 같은 옷을 다시 입고 나온 경우가 있었어요. 그럴 때는 단추를 풀거나 스타일링을 바꿔서라도 무대에 세워야 해요. 모델들은 워낙 어릴 때부터 활동하기 때문에 웬만하면 큰 실수는 하지 않는데요. 가끔 센스가 부족하거나 옷을 벗고 입는 게 느린 모델이 있어요. 그래서 무대 뒤에서 헬퍼들이 빠르게 대응해 주는 거예요. 숙련된 모델들은 무대에 오르기 전부터 미리 단추나 지퍼를 살짝 풀어둡니다. 그래야 갈아입을 때 시간을 절약할 수 있죠. 또 무대에서 내려오자마자 잡지 기자들이

사진 찍을 포즈를 요구하면 순간적으로 빠르게 전환할 수 있
는 센스도 필요해요.

편 악세서리나 신발, 소품 같은 것도 다 직접 준비하시나요?
곽 네, 모두 체크해서 표로 만들어 놓아요. '의상에 어울리
는 검정 리본 스타킹을 신기' 같은 지시를 세세하게 기록해
두죠. 필요한 아이템이 없으면 직접 제작하거나 협찬을 받아
요. 사전에 모든 게 준비되지 않으면 현장에서 돌발 상황을
수습하기 어렵기 때문에 쇼 전에 철저히 준비해야 합니다.

하나의 주제가 한 시즌의 패션을
관통하는 건가요?

편 패션 업계는 계절마다 신상품을 내놓는데요. 하나의 주제로 한 시즌의 상품을 기획하나요?

곽 네. 우리나라를 비롯해 사계절이 뚜렷한 외국은 보통 1년에 두 번, 봄/여름, 가을/겨울 컬렉션으로 나누지만 4개로 세분화하기도 해요. 하지만 기후가 다양한 만큼, 꼭 네 계절로만 구분하지 않기도 해요. 여름만 있는 나라라면 여름 컬렉션 중심으로 가고, 또 시장에 맞게 상품을 재구성하죠.

편 한 계절은 동일한 상품을 기획하는 건가요?

곽 같은 시즌이라도 조금씩 트렌드가 달라져요. 예를 들어 '2024년 봄 컬렉션'이라고 해도, 3월에 나갈 상품과 4월, 5월에 나갈 상품은 조금씩 달라져야 해요. 계절감이 반영되기 때문이죠. 봄이라고 해서 항상 같은 옷을 낼 수는 없고, 초봄에는 간절기용 아이템, 늦봄에는 더 가볍고 여름에 가까운 아이템을 준비해야 해요. 하나의 큰 주제 안에서 각 달에 맞는 미세한 변화를 주는 건데요. 같은 주제를 공유하되, 앞부분과 뒷부분이 완전히 똑같으면 소비자가 지루해할 수 있어요. 그래서 앞에 나오는 제품과 뒤에 나오는 제품이 조금씩 다르게 변주되도록 기획하죠.

 시즌별로 판매 방식도 고려하시나요?

 그럼요. 판매 방식도 상품 기획만큼이나 중요해요. 기본적으로 옷을 잘 만들어야 하겠지만, 옷을 출시하는 때와 세일하는 타이밍도 전략적으로 운영해야 해요. 한 시즌의 상품을 한 번에 다 내놓는 게 아니라, 신상품을 일정 주기로 나눠서 공개하고, 중간에 세일을 섞어 소비자의 관심을 유지해요. 이를 통해 매장이 지루하지 않게, 늘 새로움이 유지되도록 하는 거죠.

매장에 옷을 걸어둘 때도 행거에 어떤 색깔이 주로 보이게 할지, 쇼윈도에는 어떤 아이템을 전면에 배치할지까지 미리 계획해요. 또 소비자가 "이 옷에 뭐 입으면 좋아요?"라고 물었을 때, 바로 매칭할 수 있는 아이템들이 준비되어 있어야 해요. 그래서 상·하의 코디 조합, 아우터 매칭까지 함께 기획하는 겁니다. 이렇게 디자이너는 컬렉션 전체의 스토리와 코디네이션을 설계하는 역할을 합니다.

디자인 아이디어는 어디서 얻나요?

편 이 일은 아이디어가 중요한 것 같아요. 대표님은 일상에서 아이디어를 많이 떠올린다고 하셨는데, 아이디어의 원천은 무엇인가요?

곽 저는 상상력이 아이디어의 원천이라고 생각해요. 일단은 하고 싶은 게 워낙 많고, 일상에서 떠오르는 생각들을 디자인으로 연결하는 것을 좋아해요. 그러다 보니 떠오르는 생각도 많고, 어떤 것을 콜라보하면 재미있겠다는 아이디어도 많이 생기죠. 그렇지만 그런 아이디어를 무작정 다 시도하기보다는, 여러 번 걸러서 실질적으로 도움이 되는 것들을 하려고 노력하고 있습니다.

편 구체적으로 어떤 사례가 있나요?

곽 힙합 콘셉트를 떠올린 적이 있어요. '내가 힙합을 즐기면 어떤 느낌일까?'라는 상상에서 출발했는데, 거기에 군인 느낌을 더해 캐릭터를 만들어 보기도 했죠. 나중에 VOV와 화장품 콜라보도 했었어요. 또 한 번은 동물원에서 영감을 얻어 사막여우나 핑크빛 학 같은 동물들을 관찰하면서 캐릭터 디자인을 했어요. 그 아이디어가 중국 업체와 연결되어, 12지신

동물을 캐릭터로 풀어내는 작업으로 이어지기도 했습니다.

편 독특한 아이디어가 많아서 방송 활동도 도움이 되었을
것 같아요.

곽 MBC 예능 〈패션왕 코리아〉에 출연했을 때가 생각나네
요. 하루에 두 번 녹화하는 동시에 디자인까지 해야 했기 때
문에 체력적으로 굉장히 힘들었어요. 무엇보다 주제 하나가

주어지면 거기에 맞는 디자인을 바로 뽑아내야 했는데요. 그때도 일상에서 아이디어를 떠올리는 저의 방식이 유효했어요. 한번은 '문(門)'에서 아이디어를 얻었어요. 제가 빌라를 개조한 공간에서 일할 때인데, 문을 열면 또 다른 문이 나오고, 또 다른 공간이 이어지는 구조였어요. 아는 분이 농담처럼 "주인 닮아서 문을 열면 계속 다른 게 나오네"라고 말했는데, 그 말이 영감이 되었죠. '문을 열면 또 다른 세계가 있다'는 상상으로 발전시켜, 세계에서 가장 아름다운 문 사진들을 모아 프린트 디자인으로 옮겼죠.

옷의 완성도를 좌우하는
요소는 무엇인가요?

 옷의 완성도를 좌우하는 핵심 요소는 무엇인가요?

 옷의 소재입니다. 패션디자이너의 시각에서 보면 소재는 단순한 옷감이 아니라 디자인의 본질을 규정하는 핵심 요소인데요. 옷의 형태와 실루엣은 같은 패턴이라도 어떤 소재를 쓰느냐에 따라 전혀 다르게 표현할 수 있어요. 가볍고 유연한 실크를 사용하면 부드럽게 흐르는 우아한 느낌이 살아나지만, 같은 디자인을 두꺼운 데님으로 만들면 구조적이고 캐주얼한 분위기가 강조되는 거죠. 이렇게 소재는 착용감, 통기성, 내구성 같은 의복의 실용성 면에서 아주 중요해요. 원단이 무거우면 입기 불편하고, 통기성이 나쁘면 더워서 못 입게 됩니다. 소재도 등급이 있어요. 고급 의류일수록 원단의 촉감과 섬세함이 중요한 평가 기준이 됩니다. 요즘엔 옷감의 기능성도 중요해요. 스포츠웨어나 이너웨어는 땀 흡수, 냄새 방지, 빠른 건조 같은 기능성 소재가 필수예요.

 옷의 소재도 유행을 타나요?

 소재는 시대적 트렌드와 밀접하게 연결되어 있어요. 특정 시기의 기술 발전이나 사회적 흐름은 새로운 원단을 등장시키고, 그것이 곧 유행을 이끌기도 해요. 환경 의식이 높아진 오늘날에는 리사이클 원단, 비건 레더, 친환경 오가닉 코튼 같은 소재가 각광받아요. '지속가능성'이라는 시대적 키워드를 반영한 거죠. 반대로 20세기 중반 합성섬유의 발명은 '편리함과 대량생산'이라는 당시의 시대정신을 보여주었죠. 가볍고 편한 소재로 한때 호황을 누렸지만 지금은 친환경 소재를 선호하는 추세라 합성 소재 위주의 옷은 소비자들에게 외면받기도 합니다.

편 옷 소재가 단순히 겉모습을 위한 요소가 아니군요.

곽 맞아요. 소재는 단순히 옷감이 아니라, 옷의 실용성·가치·시대적 트렌드를 모두 담아내는 중요한 요소예요. 그래서 소재 선택은 단순히 옷감을 고르는 과정이 아니라, 옷의 기능·아름다움·문화적 맥락을 동시에 설계하는 일이에요. 소재를 통해 디자이너가 전달하고자 하는 실용적 가치와 미학적 태도, 나아가 시대가 요구하는 트렌드까지 모두 녹아 있기 때문이에요.

편 독특한 소재로 옷을 만들어 본 경험이 있으세요?

곽 2005년에 한지로 만든 작품을 프랑스 파리 불로뉴 숲의 아클리마타시옹 공원에서 전시한 적이 있어요. 우리 전통 염료로 염색한 한지로 한복 형태의 옷뿐 아니라 서양 드레스 형태의 의상도 선보였죠. 한지가 지금처럼 섬유로 널리 쓰이기 전이었고, 매우 실험적인 도전이었는데, 소재의 가능성을 함께 보여준 사례였다는 평가를 받았죠. 지금은 한지가 섬유 형태로 개발되어 실용적인 의류 소재로 활용되는데요. 한지는 마치 가죽처럼 보이기도 하고 실크처럼 보이기도 해서 다양한 표현이 가능하고, 땀을 흡수하는 기능이 뛰어나 피부에 자극이 적어 착용감도 좋다고 평가받습니다.

콜라보레이션은 왜 하나요?

편 최근 패션 분야에서 콜라보레이션으로 화제성을 불러일으키는 일이 많은 것 같아요.

곽 콜라보레이션은 협업, 공동 작업이라는 뜻으로 패션, 음악, 예술 등에서는 두 개 이상의 브랜드나 인물, 분야가 만나 새로운 창작물을 만드는 것을 말해요. 단순히 로고를 함께 붙이는 수준을 넘어서, 각자의 개성과 세계관을 결합해 새로운 제품·컬렉션·프로젝트를 만드는 과정이죠. 이렇게 각자 다른 정체성을 가진 주체들이 만나 함께 새로운 가치를 창출하는 협업이에요. 성공한 예로, 럭셔리에 팝아트 감각을 접목한 루이비통과 무라카미 다카시의 콜라보, 한정판 스니커즈로 폭발전인 인기를 끈 슈프림과 나이키의 콜라보, 가상 세계에서만 존재하는 가방을 출시한 구찌와 로블록스의 콜라보 등이 있어요. 저도 캐릭터를 비롯해 여러 상품과 콜라보를 진행했죠.

편 패션 브랜드들이 콜라보레이션을 많이 하는 이유는 무엇인가요?

곽 새로운 이미지와 신선함 때문이에요 한 브랜드가 줄 수 있는 이미지는 한계가 있거든요. 그런데 다른 브랜드나 아티스트와 손잡으면 예상치 못한 조합이 나오면서 대중에게 강렬한 인상을 줄 수 있어요. 루이비통이 무라카미 다카시와 협업했을 때 전통적인 럭셔리 브랜드가 한순간에 젊고 유쾌한 이미지를 얻는 효과가 있었어요. 또 하나는 소비자층의 확대예요. 럭셔리 브랜드가 대중 브랜드와 협업하면 기존에는 접근하기 어려웠던 고객들도 한정판 제품을 통해 '럭셔리 경험'을 할 수 있어요. H&M과 칼 라거펠트, 발맹 협업이 대표적인 예죠. 반대로 대중 브랜드 입장에서는 고급 이미지를 덧입히는 효과를 얻게 되고요. 당연히 마케팅 효과도 따라오죠.

🔵 콜라보를 통해 여러 효과가 따라오는군요.

⚫ 콜라보를 통해 패션이 새로운 시장과 문화와의 접점을 만드는 의의가 있다고 생각해요. 요즘은 패션이 옷을 넘어 음악, 예술, 게임, 캐릭터 등 여러 분야와 연결되고 있어요. 결국 콜라보는 단순히 '함께 만든다'가 아니라, 패션의 경계를 확장하는 실험이라고 볼 수 있죠.

🔵 뿌까 캐릭터와의 콜라보레이션을 하셨는데, 그 이야기를

좀 해주세요.

곽 뿌까는 귀여운 스타일과 개성 강한 이미지의 대한민국 토종 캐릭터예요. 2009년 10월 서울패션위크 2010 S/S 쇼에 뿌까와 콜라보레이션을 한 의상을 선보였어요. 메이저 패션쇼에 캐릭터가 등장한 것은 국내 최초였고, 캐릭터 뿌까의 이미지를 활용한 의상이 쇼의 약 30%의 비중을 차지했죠. 그전까지 뿌까 캐릭터는 어린이가 잘 먹는 식품의 포장이나 영화관(CGV)의 비상구 안내 만화에 활용되는 정도였어요. 캐릭터의 특성이 워낙 강하다 보니 디자이너들이 패션으로 접목하는 걸 굉장히 어렵게 생각하더라고요. 특히 성인복은 면 티셔츠에 단순히 캐릭터를 크게 프린트하는 수준이었는데, 저는 이걸 좀 더 패셔너블한 방식으로 풀어내고 싶었어요. 먼저 뿌까 캐릭터의 아이코닉 요소를 적극적으로 시각화하는 데 중점을 두었어요. 뿌까의 얼굴, 다양한 표정, 굵은 윤곽선 같은 특징이 의상, 가방, 액세서리에 직접 삽입되거나 그래픽으로 구현되도록 했고, 단순히 로고를 붙이는 수준이 아니라, 캐릭터의 개성과 매력을 의상 전체에 녹여내려고 했죠. 컬러와 소재에서도 차별점을 두었는데, 전통적인 패션 컬러 팔레트보다는 만화적이고 애니메이션적인 분위기를 살릴 수 있는 원단과 패치워크를 많이 활용했어요. 보는 순간 시선

2009
FEEL KOREA
K-FASHION
SHOW

을 끌고, 캐릭터의 유쾌한 에너지가 그대로 전달될 수 있도록 한 거죠. 쇼도 스토리 중심의 테마 연출을 택했어요. 'LOVE', 'Mad Kiss' 같은 주제를 설정해 캐릭터가 컬렉션 속 하나의 이야기로 등장하도록 해 뿌까가 단순한 장식물이 아니라, 쇼의 주제와 메시지를 전달하는 상징적인 장치로 기능하도록 했어요.

편 듣다 보니 한 편의 무대 예술이 떠올라요. 뿌까와의 콜라보레이션이 중국과 미국에서 소개되어 큰 성공을 거두셨던데요.

곽 2009년 11월24일 중국 상해에서 '한국 대중음악 쇼케이스 및 패션쇼'를 개최했어요. 'FEEL KOREA, K-POP Night&K-Fashion show'의 본 행사는 한국의 대중음악, 패션, 관광, 드라마, 캐릭터 등 대표적인 문화 콘텐츠를 중국 대중들에게 선보이는 자리였어요. 그때 저는 한국 캐릭터 뿌까와 콜라보레이션한 의상을 선보였죠. 그리고 이듬해 2010년 9월 9일 문화체육관광부의 지원 아래 선발된 국내 디자이너 7명이 뉴욕의 링컨센터에서 진행되는 뉴욕패션위크에 참여했어요. 여기서도 뿌까 콜라보 컬렉션을 선보였죠. 쇼의 콘셉트는 'Mad Kiss' 일명 '미친 키스'였어요. 백설 공주가 독 사과를 먹고 왕자님의 키스로 깨어난 것을 본 뿌까가 가루와 키스를 하기 위해 음모를 꾸민다는 발상이었어요. 뿌까의 이런 저돌적인 발랄함이 20대 초반 여성의 특성과 잘 맞아떨어지겠다 싶어서 경쾌하면서 펑키한 걸리시 캐주얼룩으로 제작했죠. 한국 캐릭터인 뿌까를 활용해 동양적이면서도 당찬 여성의 모습을 세계 무대에 올려 한국패션을 제대로 보여 주고 싶다는 마음으로 쇼를 준비했어요. 뿌까를 테마로 하여 패치워크, 다양한 색감과 소재를 사용해 실험적 스타일을 선보였던 것으로 기억해요. 지금 뿌까는 전 세계 120여 개국에 진출해 있으며 워너브라더스, 베네통 등과 라이선스 계약을 맺고 패션 아이콘으로 성장했어요.

편 그 밖에도 다양한 시도를 하셨던데, 어떤 브랜드와 콜라보레이션을 하셨나요?

곽 전 세계에서 사랑받는 캐릭터 바비와 콜라보레이션을 했어요. 바비는 제가 어릴 때부터 좋아했던 인형이라 굉장히 뜻깊었죠. 2011년 네스프레소와의 콜라보레이션도 잊을 수가 없네요. 'More Then You See'라는 주제 아래, 총 20벌의 옷을 다양한 컬러와 소재감이 돋보이도록 디자인했어요. 제안을 받았을 때 담당자는 언어만으로는 표현할 수 없는 커피의 맛 또는 향이 자연스럽게 어우러지는 옷을 제작해 달라고 요청했어요. 그때 커피의 향과 맛이 20가지도 넘는다는 것을 처음 알고 놀랐죠. 쓴맛, 신맛, 볶음 정도만 구별할 만큼 미각이 발달하지 않은 저로서는 커피의 향과 맛을 옷의 소재와 색으로 연결해 풀어내는 과정이 쉽지만은 않은 새로운 도전이었어요. 커피의 맛과 향은 잘 모르지만 '완벽한 커피 경험'과 '커피를 통해 느끼는 온전한 즐거움' 등을 시각적으로 표현하려고 했던 기억이 납니다.

편 또 기억나는 콜라보레이션이 있을까요?

곽 신발 브랜드와의 협업도 흥미로웠어요. 그때는 〈패션왕〉 프로그램을 하던 시기라 육체적으로 많이 힘들고, 자주 눈물이 났어요. 그런데 울고 나면 속이 시원하고 정화되는 느낌이 들더라고요. 한강을 보면서 '물이라는 게 정화의 힘을 주는구나'라는 생각을 했죠. 그 영감을 바탕으로 초현실주의적 요소를 담아, 눈·수도꼭지·진주 등을 모티프로 프린트를 개발했죠. 이 디자인을 신발 브랜드에서 마음에 들어 해서, 파우치와 신발에 적용해 판매했어요.

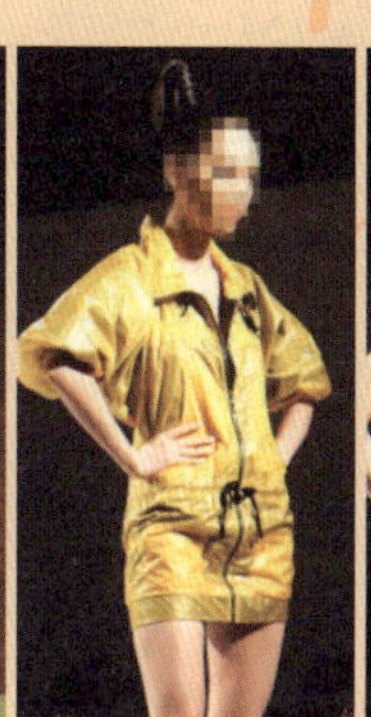
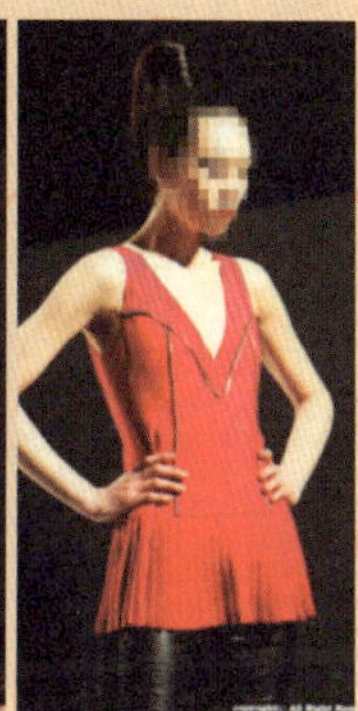

패션으로 개성과 자신감을 표현하는
패션 디자이너

SHION DESIGNER

패션 산업의 현재와 미래

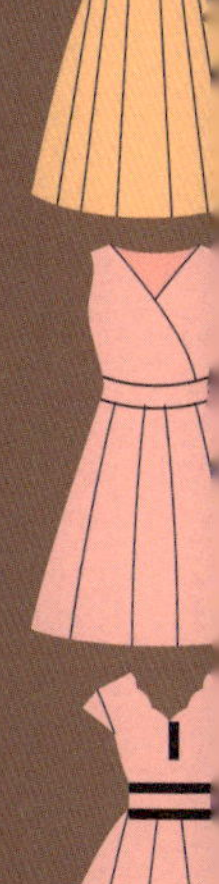

패션의 트렌드는 어떻게 파악하나요?

편 패션의 트렌드는 어떻게 파악하나요?

곽 트렌드 분석은 패션디자이너에게 핵심적인 과정이에요. WGSN 같은 글로벌 트렌드 리포트, 파리·밀라노·뉴욕 패션위크 등 주요 컬렉션, 그리고 SNS를 통한 실시간 소비자 반응까지 폭넓게 참고해요. 올해는 어떤 색이 '팬톤 컬러'로 선정되는지, 어떤 실루엣이 떠오르는지, 심지어 기후 변화 같은 사회적 이슈도 영향을 줍니다. 이런 데이터를 바탕으로, 시장성과 창의성의 균형을 고려해 방향을 정합니다.

패션계 동향도 늘 주시하죠. 새로운 소재나 디자인이 나오면 반드시 찾아가서 직접 입어보고, 옷을 사서 입어보면서 체험해 보기도 해요. 사실 옷 입는 걸 귀찮아하는 사람도 많은데, 저는 반대로 옷을 입어보는 걸 정말 좋아해요. 몸으로 체험해야 옷의 흐름과 느낌을 알 수 있거든요. 저는 옷을 대할 때 요리사가 요리를 잘해야 하듯, 옷을 만드는 사람은 옷을 정말 잘 만들어야 한다는 생각을 해요. 그래서 전문가들이 봤을 때도 '저 사람은 옷을 잘 다루는 디자이너다'라는 인정을 받을 수 있도록 노력하죠.

팬톤 컬러(Pantone Color)란?

팬톤 컬러는 전 세계 디자인 산업에서 공통으로 사용하는 색상 표준 체계입니다. 미국의 색채 전문 기업 팬톤(Pantone)이 1963년 처음으로 색을 체계화한 팬톤 매칭 시스템(Pantone Matching System, PMS)을 발표하면서 시작되었어요. 팬톤 컬러는 각 색상마다 고유한 번호와 이름을 부여해 전 세계 어디서나 동일한 색을 정확히 재현할 수 있도록 만든 것이 특징이에요. 예를 들어 인쇄, 패션, 인테리어, 제품 디자인 등 분야가 달라도 특정 색상 코드를 공유하면 같은 색을 구현할 수 있어요.

또한 팬톤은 매년 전 세계적인 사회·문화적 흐름을 반영해 '올해의 컬러'를 발표합니다. 이 색상은 단순히 유행을 넘어서 사람들의 심리, 시대적 분위기, 미래적 비전을 담고 있으며 패션, 인테리어, 광고, 뷰티 산업 전반에 큰 영향을 미칩니다. 코로나19 시기에는 회복과 희망을 상징하는 회색과 노란색을 동시에 선정한 것이 대표적 사례입니다. 이처럼 팬톤 컬러는 단순한 색상이 아니라 산업 전반을 아우르는 소통의 언어이자 시대정신을 담아내는 상징이라고 할 수 있어요.

최근 패션 산업의 동향은 어떤가요?

편 요즘 패션 산업의 동향은 어떤가요?

곽 불과 얼마 전까지 ZARA, H&M 같은 패스트 패션이 시장을 지배했어요. 하지만 재고 낭비와 환경 문제, 저임금 노동 착취 같은 부정적 이슈가 부각되면서 인식이 많이 바뀌었어요. 이제는 단순히 싸고 빨리 소비하는 옷이 아니라, 가치와 의미 있는 소비를 중시하는 흐름으로 변화하고 있어요.

편 구체적으로 어떤 변화가 감지되고 있나요?

곽 몇 가지 큰 흐름이 있어요. 가장 큰 변화는 소비자들이 단순히 예쁘고 세련된 옷을 고르는 데서 멈추지 않고, 그 옷이 친환경 소재로 만들어졌는지, 공정하게 생산되었는지, 그리고 소비가 사회적 기부와 연결되는지를 중요하게 생각한다는 점이에요. 예를 들어 스텔라 매카트니 같은 브랜드는 오래전부터 가죽이나 퍼 대신 친환경 대체 소재를 활용해 지속가능성을 강조해 왔고, 요즘은 국내 패션 브랜드들도 재생 원단이나 업사이클링 소재를 적극적으로 쓰고 있어요. 또 파타고니아는 'Don't Buy This Jacket(이 재킷을 사지 마세요)' 캠페인을 통해 불필요한 소비를 줄이자고 호소하면서도, 판매 수익의 일부를 환경단체에 기부하는 활동을 꾸준히 하고 있어요. 한국에서도 코오롱스포츠가 폐페트병을 재활용한 원단으로 아웃도어 제품을 만들고, 친환경 프로젝트를 소비자 참여와 연계하는 사례가 있죠.

편 그렇다면 이런 변화가 소비자들에게도 체감이 되나요?

곽 요즘 MZ세대를 중심으로 '내가 어떤 브랜드를 선택하느냐'가 곧 나의 가치관을 드러내는 방식이 되었어요. 단순히 옷을 입는 게 아니라, 그 선택을 통해 '나는 환경을 생각하는 소비자야' 혹은 '나는 공정무역을 지지해'라는 메시지를 표현하는 거죠. 그래서 브랜드들도 단순히 디자인만 내세우는 것이 아니라, 지속가능성과 사회적 책임을 강조해야만 살아남을 수 있는 시대가 되었다고 볼 수 있습니다.

편 최근 패션 소비에서 눈에 띄는 변화가 있다면 어떤 걸까요?

곽 온·오프라인 융합이에요. 소비자들이 온라인에서 이미지를 보고 구매를 결정하기도 하지만, 여전히 오프라인 매장에서 직접 체험하는 과정을 중요하게 여기죠. 예를 들어 명품 브랜드 루이비통이나 구찌 같은 곳은 온라인에서 신제품 화보나 런웨이 영상을 공개해서 소비자들의 관심을 끌고, 동시에 플래그십 스토어에서는 직접 가죽 질감을 만져보고 피팅해 볼 수 있게 하죠. 국내에서는 무신사가 대표적이에요. 온라인으로 성장한 무신사는 최근 '무신사 테라스' 같은 오프라인 공간을 만들어, 고객들이 옷을 입어보고 문화 행사까지 즐길 수 있게 하고 있어요. 이처럼 온라인은 정보 탐색과 구매 편의성을, 오프라인은 체험과 브랜드 경험을 제공하면서 서로 보완 관계에 있죠. 온라인만으로는 옷의 실제 질감이나 착용감, 색감이 화면과 얼마나 차이가 있을지 확인하기 어려워요. 그래서 소비자는 구매 전에 직접 입어보고 싶은 욕구가 여전히 강합니다. 동시에 오프라인 매장은 단순히 옷을 사는 곳을 넘어, 브랜드가 전하고자 하는 세계관과 문화를 체험하는 공간으로도 기능하고 있어요. 그래서 앞으로도 온라인과 오프라인을 동시에 활용하는 전략이 더 강화될 거라고 봐요.

편 요즘 소비자들의 패션 선택 기준이 달라졌다고 하던데, 어떤 점이 가장 두드러지나요?

곽 최근에는 단순히 옷을 '소유'하는 것보다 그 옷을 입는 경험과 의미를 중시하는 흐름이 강해졌어요. 즉, 가격이나 브랜드 로고만 보는 게 아니라 '이 옷을 입으면 내가 어떤 사람처럼 보일까, 어떤 가치와 연결될까'를 더 중요하게 생각하는 거죠.

 실제로 그런 경향이 나타나는 사례가 있을까요?

 예를 들어 나이키의 '무브 투 제로Move to Zero' 캠페인은 단순한 운동화 판매가 아니라, 지속가능한 미래를 위한 메시지를 담고 있어요. 소비자들은 신발을 사면서 동시에 환경을 생각하는 움직임에 동참하는 경험을 하게 되죠. 또 젠더리스 패션 브랜드의 옷을 고르는 사람들은 '나는 성별 구분에 얽매이지 않고 다양성을 존중하는 사람'이라는 메시지를 표현하고 싶어 하는 경우가 많습니다. 국내에서도 MZ세대가 '지구를 생각하는 브랜드'나 '윤리적 패션'을 선택하면서 자신이 어떤 가치를 지향하는지 옷을 통해 보여주려는 경향이 강해졌어요.

 옷이 나 자신을 드러내는 수단이 된 거군요.

 맞습니다. 그래서 브랜드들도 단순히 제품만 내놓는 것이 아니라, 그 옷을 입었을 때 소비자가 어떤 경험과 의미를 체감할 수 있는지를 함께 전달하려고 해요. 패션은 이제 나를 표현하는 언어가 된 거죠.

편 소비자 타겟팅 방식도 변했다는데 어떤가요?

곽 네, 과거에는 단순히 20대, 30대처럼 연령대별이나 세대 중심으로 나누는 게 일반적이었어요. 하지만 지금은 그렇게 단순하게 나눌 수 없어요. 대신 라이프스타일 기반 타겟팅이 주류가 되었죠. 자전거를 즐기는 사람, 요가나 필라테스를 하는 사람, 춤이나 댄스를 좋아하는 사람 등 각자의 생활 방식에 따라 적합한 패션을 제안하는 식입니다. 실제로 룰루레몬은 나이를 기준으로 하지 않고, 요가와 웰니스 문화를 즐기는 라이프스타일 그룹을 대상으로 브랜드를 성장시킨 대표적인 사례예요.

편 인스타그램 같은 SNS도 영향을 미치나요?

곽 그렇습니다. 요즘 소비자들은 SNS를 통해 자기만의 '소확행(소소하지만 확실한 행복)'을 공유하려는 경향이 강해요. 룰루레몬 레깅스를 입고 싱가포르의 해안가에서 조깅하고, 이어서 카페에서 커피를 마시는 사진을 올리면서 '오늘의 소확행'이라고 표현하는 거죠. 이는 단순히 행복한 일상을 기록하는 것을 넘어 자기 과시와 라이프스타일 연출이라는 성격이 강해요. 특히 인스타그램은 패션 브랜드의 온라인 전시장 역할에 가까워서 많은 브랜드들이 SNS 콘텐츠를 통해 소비자의 '보여주기 욕구'를 자극하는 전략을 씁니다.

<편> 명품 소비도 여전히 강세인가요?

<곽> 네, 명품 소비 성향은 변하지 않아요. 코로나 시기에는 오히려 샤넬, 루이비통 같은 명품 브랜드가 한국에서 크게 성장했어요. 수백만 원을 호가하는 가방이 기본 아이템처럼 팔리고, 한정판 제품은 출시 즉시 완판되는 현상도 나타났죠. 특히 한국 소비자들은 명품 소비 성장률이 가장 높은 국가 중 하나로 꼽히기도 하는데요. 이는 불확실한 시대에도 '나를 드러내는 상징 자산'으로서 명품 소비가 여전히 강력한 힘을 가진다는 걸 보여주는 거예요.

<편> 소재나 제품 개발은 어떤 방향으로 변화하고 있나요?

<곽> 현재 거의 모든 브랜드가 친환경 소재와 지속가능성을 강조하고 있어요. 아디다스는 해양 폐플라스틱을 재활용한 운동화를 출시했고, H&M은 'Conscious Collection'을 통해 지속가능 원단을 사용한 라인을 선보였죠. 물론 일부는 '그린워싱Greenwashing' 논란이 있기도 해요. 하지만 '친환경'이라

는 라벨 자체가 소비자들에게 윤리적 소비의 명분을 제공하기 때문에 반드시 필요하죠. 또한, 파타고니아처럼 매출의 일정 부분을 환경 보호 단체에 기부하거나, 국내 브랜드들이 판매 수익 일부를 사회 공헌 활동에 연결하는 경우도 점점 늘어나고 있습니다.

편 전체적으로 현재 패션 소비를 어떻게 정의할 수 있을까요?

곽 현재 패션은 환경·윤리·가치 소비를 중시하면서도, 라이프스타일 맞춤형 제안, SNS를 통한 과시 문화, 명품 소비 강화가 동시에 공존하는 복합적인 양상이라고 할 수 있어요. 한쪽에서는 '지속가능성'과 '윤리'를 외치고, 다른 한쪽에서는 여전히 과시적 소비와 럭셔리 수요가 강한, 다층적인 시장이 형성되고 있는 거죠.

사회적 분위기나 시대 변화가
패션에 어떤 영향을 미치나요?

편 패션도 사회적 분위기나 시대 변화의 영향을 받나요?

곽 패션은 시대의 거울이라고 불릴 만큼 사회적 분위기와 밀접하게 연결되어 있어요. 경제, 정치, 문화, 심지어 재난 상황까지도 패션의 흐름에 반영되죠. 코로나19 시기를 떠올려 보세요. 전 세계적으로 외출이 줄고 재택근무가 늘어나면서, 정장이나 격식 있는 옷보다 편안한 '애슬레저athleisure' 패션이 크게 유행했죠. 나이키, 아디다스뿐 아니라 유니클로, 무신사 같은 브랜드들도 집에서 입기 좋은 라운지웨어, 스웻셔츠, 레깅스 등을 앞다투어 내놓았죠. 또 마스크가 필수품이 되면서 마스크 자체를 패션 아이템으로 디자인하는 브랜드도 등장했어요. 한때는 '옷 살 사람들은 다 피부과에 누워 있다'라는 말이 나올 정도로 패션 소비가 위축된 적도 있고, 국내에서 골프복이 엄청난 붐을 일으켰다가, 해외 골프 여행이 가능해지자 다시 침체하고 대신 테니스복이 트렌드로 뜨는 식으로 패션도 큰 변화가 일어나요.

편 경제와도 패션이 밀접한 연관이 있는 것 같아요.

곽 경제 상황과 패션의 연관성은 예전부터 있어 왔어요. 경제 불황 시기에는 사람들이 화려한 옷보다는 실용적이고 오래 입을 수 있는 디자인을 선호하죠. 2008년 글로벌 금융위기 이후 '지속가능 패션'과 '미니멀리즘'이 트렌드로 떠오른 것도 그 맥락이에요. 반대로 경제가 호황일 때는 과시적 소비가 강화되면서 명품 시장이 성장합니다. 실제로 코로나 이후 경기 불확실성이 큰데도 한국에서는 샤넬, 루이비통 같은 럭셔리 브랜드 매출이 폭발적으로 성장했어요. 이는 불안한 사회 분위기 속에서 오히려 확실한 가치를 가진 명품에 투자하려는 심리가 반영된 사례라고 볼 수 있어요. 또한, 환경 보호와 지속가능성에 대한 관심이 높아지면서 친환경 소재, 업사이클링 제품이 패션의 중요한 트렌드로 자리 잡았어요. 또 날씨의 변화도 패션에 영향을 미치는 요소 중 하나예요. 예전에 우리나라는 사계절이 뚜렷해서 옷도 계절에 맞게 다양하게 제작해야 했는데, 요즘엔 여름이 너무 길어지면 가을·겨울 시즌을 포기하고 여름 제품을 늘려야 하기도 해요. 반대로 더운 나라에서도 에어컨 생활이 일상화되면서 퍼 같은 따뜻한 아이템을 실내에서 입는 경우도 있습니다.

편 과거와 비교했을 때 소비자들의 옷 구매 방식에도 변화가 있나요?

곽 예전에는 옷이 많지 않아서 한 계절에 꼭 필요한 몇 벌을 돌려 입었다고 하면 요즘 아이들은 믿지 않을 수도 있지만 사실이에요. 그런데 지금은 어떤가요? 옷이 워낙 많고 다양해요. 그래서 사람들이 단순히 계절에 맞게 옷을 갖추는 것보다, 자신의 이미지를 보완해 주거나 활동에 맞는 독특한 아이템을 찾는 경향이 강해졌어요. 어떤 사람은 같은 옷을 다섯 벌 맞춰서 요일별로 입는 방식으로 시간을 아끼기도 하고, 반대로 앙드레 김 선생님처럼 아예 하나의 콘셉트를 이미지로 굳히는 사람들도 있지요.

세계 패션 시장의 흐름은 어떤 변화가 있나요?

편 세계 패션 시장의 흐름에 어떤 변화가 있나요?

곽 최근 가장 변화가 이는 곳은 중동 지역일 거예요. 중동은 오일 머니로 대표되는 부의 중심지인데, 최근 들어 문화적·사회적 변화가 빠르게 일어나면서 글로벌 패션 소비 패턴에도 큰 영향을 주고 있어요. 과거에는 여성에게 상속이 제한적이었지만 최근에는 공주와 재벌가 여성 후계자들도 적극적으로 상속을 받게 되면서 뷰티·패션 분야에 거대한 투자를 하고 있어요. 사우디아라비아와 아랍에미리트 같은 지역에서는 여성의 사회 진출과 자산 관리 권한이 점점 확대되고 있어요. 그 결과 두바이, 아부다비는 세계적인 럭셔리 쇼핑 허브로 자리 잡았죠. 실제로 샤넬, 루이비통, 에르메스 같은 명품 브랜드들은 중동에 플래그십 스토어를 열고, 아랍 왕족이나 상류층을 위한 맞춤형 서비스까지 제공하고 있어요. 최근에는 카타르 왕족 여성들이 대규모로 패션 하우스에 투자하거나, 중동 재단이 유럽 명품 그룹의 주요 주주가 되는 사례도 늘어나고 있습니다.

편 이런 변화가 세계 패션 시장에는 어떤 의미가 있나요?

곽 중동 소비자들은 전통적으로 화려한 보석, 장식, 고급 원단을 선호하는데, 이들의 소비력이 글로벌 패션 트렌드에도 영향을 미쳐요. 예를 들어 까르띠에나 반클리프, 아펠 같은 주얼리 브랜드는 중동 고객을 겨냥해 한정판 라인을 내놓기도 하고, 꾸뛰르 패션쇼가 파리뿐만 아니라 두바이, 리야드에서도 열리면서 시장이 확장되고 있어요. 즉, 여성들의 자산 권한 확대가 곧 세계 패션 시장의 규모 확대와 화려함 강화로 이어지고 있는 것이죠. 이처럼 중동 지역은 여전히 성장 잠재력이 크고, 특히 여성 소비자의 영향력이 커지고 있습니다. 단순히 개인의 쇼핑 차원을 넘어서, 브랜드 투자와 글로벌 패션 이벤트까지 주도하는 단계로 발전하고 있어요. 앞으로도 중동의 변화는 세계 패션 시장을 움직이는 중요한 동력으로 작용할 것으로 보여요.

옷을 수출할 때 고려할 것은 무엇인가요?

 내수용으로 만든 옷과 수출용 옷은 차이가 있을 것 같아요.

 가장 큰 차이는 체형과 문화적 특성이에요. 같은 디자인이라도 나라별로 사이즈, 길이, 색감 선호 등이 모두 달라요. 예를 들어 북유럽이나 미국 시장은 평균 키와 체격이 커서, 한국에서는 77 사이즈인데 그쪽에서는 55 사이즈로 받아들여질 정도예요. 그래서 같은 원피스라도 원단 소모량이 두 배 가까이 늘어나고, 허리선 위치나 소매 길이를 조정해야 하죠. 반대로 홍콩이나 동남아시아 같은 지역은 체형이 작고 아담한 편이라 같은 디자인도 더 짧고 슬림하게 만들어야 잘 맞습니다. 또, 중동 지역의 경우는 종교적·문화적 이유로 노출이 적은 긴 원피스나 아바야 스타일을 선호하고, 색상도 검정, 금색, 진한 보석색 계열이 강세예요. 반면에 미국이나 유럽은 계절별로 화려한 프린트나 비비드 컬러가 잘 팔립니다. 미국에서는 특히 화려한 색을 좋아하는 흑인 고객들이 제 옷을 보고 쫓아와서 어디서 샀냐고 물어본 적도 있어요. 또 일본은 섬세하고 미니멀한 디자인, 파스텔톤 색감을 좋아하는 소비자가 많은 편이에요. 그만큼 원색과 모노톤 선호도도 지역·문화마다 다릅니다.

편 해외 진출을 위해서는 어떤 점이 중요하다고 보시나요?

곽 각 나라의 체형 데이터, 문화적 규범, 소비자 취향을 자세히 조사해서 디자인을 현지화하는 게 핵심이에요. 같은 원피스를 팔더라도 북유럽에서는 길고 크게, 홍콩에서는 짧고 아담하게, 중동에서는 길이와 색감을 달리해야 하는 거죠. 이 부분을 간과하면 소비자 만족도를 얻기 어렵습니다. 그래서 저는 외국에 수출할 때 같은 디자인이라도 상의 길이, 팔 길이, 두께, 컬러 등을 현지에 맞게 조정해요. 내수용 옷은 국내 평균 체형과 취향을 반영하지만, 수출용 옷은 현지의 체형·문화·기후·색감 선호까지 맞춰야 하기 때문에 훨씬 더 세밀한 조율이 필요해요.

이 직업의 미래를 어떻게 예상하세요?

편 최근 인공지능의 급격한 발전으로 인해 전통적인 산업에도 변화가 있을 것으로 전망되는데요. 패션산업의 미래를 어떻게 전망하시나요?

곽 전통적으로 패션은 아날로그적이고 핸드메이드 기반의 산업이었어요. 그러나 지금은 디지털 트랜스포메이션(DX)이 빠르게 진행되면서, 산업 모델 자체의 최적화의 요구에 직면했어요. 이미 해외 명품 브랜드나 스포츠웨어 기업들은 디지털 패션콘텐츠를 활용해 온라인 시장을 주도하려는 쪽으로 움직이고 있어요. 구찌는 메타버스 플랫폼 로블록스에서 디지털 가방을 출시했고, 나이키는 가상 스니커즈를 판매하며 새로운 수익 모델을 만들었죠. 이러한 흐름은 단순히 일시적 유행이 아니라, 패션 산업의 구조적 전환이라고 봅니다.

편 디지털 전환이 구체적으로 어떤 모습으로 나타나고 있나요?

곽 크게 세 가지를 들 수 있어요. 첫째는 메타버스 숍과 디지털 런웨이입니다. 실제 쇼장이 아니라 가상공간에서 런웨이가 열리고, 전 세계 소비자가 동시에 접속해 볼 수 있죠. 둘째는 가상 피팅룸이에요. 온라인 마켓 중심으로 산업이 재편

되면서 소비자가 집에서 직접 옷을 입어보는 것처럼 체험할 수 있는 서비스가 확대되고 있어요. 셋째는 3D 의상 제작 툴의 활용이에요. 예를 들면 3D CLO 프로그램으로 만든 의상을 게임 엔진을 통해 메타버스 속 캐릭터에 입히는 식이죠. 이런 방식은 특히 MZ세대에게 매력적이에요. 이 세대는 온라인에서 자신의 아바타를 꾸미며 또 다른 자아를 표현하는 데 적극적이니까요.

편 이런 변화 속에서 패션디자이너의 역할은 어떻게 달라질까요?

곽 과거 디자이너가 '옷을 만드는 사람'이었다면, 이제는 '디지털 경험을 기획하는 창작자'가 되어야 합니다. 실제 의상 디자인뿐 아니라, 3D 콘텐츠 제작, 게임 엔진과의 연계, 가상 공간에서의 연출로까지 디자이너의 영역이 확장되고 있어요. 또 아티스트와의 협업을 통해 '옷 이상의 가치'를 만들어내는 아트 콜라보레이션도 중요한 역할이 되었어요. 루이비통이 무라카미 다카시와 협업했을 때처럼 패션은 예술과 만나 더 큰 시너지를 만들어내죠. 저 또한 이런 시너지 효과를 낸 콜라보레이션을 여러 차례 진행한 적이 있고요. 이런 활동은 단순한 옷이 아니라 '문화적 경험'을 제공하는 새로운 형태의 디자인 활동이라고 볼 수 있습니다.

Future of Fashion

DESIGNER

강동준

고태용

DESIGNER

ESIGNER

ESIGNER

FANE UNIVERSE
HYPER CONNECTED METAVERSE & WEB 3.0
URBN 2022 301 77

DIGITALIZING FASHION DESIGNS
→ VISIT OUR WEBSITE
FAMEUNIVERSE.XYZ

🔘 변화하는 미래에 대비해 패션디자이너는 앞으로 어떤 역량이 필요할까요?

🔘 첫째, 디지털 기술에 대한 이해가 필요해요. 3D 패션 툴, 메타버스 플랫폼, AR·VR 기술은 이제 필수적인 작업 도구가 될 거예요. 둘째, 협업 능력이 중요해요. 다른 브랜드, 아티스트, 심지어 게임·IT 기업과도 함께 작업할 수 있어야 하니까요. 마지막으로, 스토리텔링 능력을 꼽고 싶어요. 소비자는 단순히 옷을 사는 게 아니라, 자신이 공감할 수 있는 '경험과 가치'를 소비합니다. 따라서 디자이너는 옷을 넘어서 세계관과 이야기를 전달하는 창작자가 되어야 합니다.

🔘 패션디자이너라는 직업의 미래는 어떻게 보시나요?

🔘 현재 패션 산업은 대량생산, 대량판매 쪽으로 기울었지만, 저는 머지않은 미래에 사람들이 대량생산으로는 충족할 수 없는 '나만의 옷'을 더 원하게 될 거라고 예상해요. 특히 자산가나 특별한 가치를 추구하는 소비자들에게는 맞춤형 디자인이 더욱 주목받지 않을까요?

🔘 대량생산 시장에 내주었던 맞춤형 시장의 수요가 더 커질 거라는 말씀이군요.

곽 그렇습니다. 아무리 비싼 명품이라도 내 체형에 맞지 않으면 소용이 없어요. 패션은 가격이 중요한 게 아니라, 내 몸과 취향에 얼마나 잘 맞는가가 관건이지요. 결국 패션의 진정한 가치는 개별화된 맞춤 디자인에서 나온다고 봅니다.

편 AI가 앞으로 패션디자인 영역에서도 큰 역할을 할 것으로 예상되는데요. 그래도 패션디자이너의 고유한 역할은 변함없을까요?

곽 저는 그렇다고 확신해요. 옷을 구상한 디자인을 실제로 구현하고, 그것을 사람의 체형에 맞게 조정하며, 감각적으로 완성해 내는 과정은 아직 인간의 손길이 필요한 부분이에요. 패션은 단순한 편리함이 아니라 인간의 감수성을 자극하는 영역이기 때문에 이 부분은 기계보다 사람이 더 잘할 수 있습니다. 인간은 본능적으로 자신을 꾸미려는 존재예요. 잘생겼든 못생겼든, 어떤 문화권에 속했든 상관없이 우리는 누구나 자신을 표현하고 치장하고 싶어 합니다. 그래서 옷은 단순한 생활필수품을 넘어 인간 본능과 직결된 문화적 상징이라고 생각합니다. 이 점에서 패션디자이너라는 직업은 앞으로도 반드시 필요한 직업으로 남을 거예요.

ASHION DESIGNER

패션 디자이너가 되는 방법

청소년 시기에 어떤 준비를 하는 게 좋을까요?

 패션디자이너가 되고 싶은 청소년은 이 시기에 무엇을 준비하면 좋을까요?

 우선 자신이 좋아하는 스타일과 옷차림을 확실하게 찾아가는 것이 중요하다고 생각해요. 머릿속으로만 상상하지 말고 옷을 직접 사서 스타일링을 하고, 그것을 SNS에 올려서 사람들의 반응도 보고, 영상도 찍어 유튜브에 올리기도 하는 거죠. 저는 어릴 때 면바지를 안 입고 정장 바지를 다려입고 다녔어요. 꾸미는 것을 엄청나게 좋아했고, 풀메이크업도 하고 다녔죠. 그런데 대학에서 패션을 전공하면서도 꾸미는 것에 전혀 관심도 없고, 옷에 대한 흥미도 없는 친구들이 있더라고요. 결과는 어땠을까요? 그건 여러분 상상에 맡기겠지만, 제가 생각할 때 패션에 관심이 있는 청소년이라면 적극적으로 자신의 스타일을 찾아내고 체험해 보는 게 좋을 것 같아요.

 청소년 시기에 진로를 결정하는 게 더 도움이 될까요?

 사람마다 다르겠지만 청소년기에 목표를 정한 아이들은 꿈을 향해 달려가는 속도가 빨라서 성과도 빨리 나지 않을까 생각해요. 제가 뉴욕에서 쇼를 할 때였어요. 방이 세 개 있는 아파트의 방을 하나 빌렸는데, 다른 방에 중3 딸을 데리고 온 엄마가 묵었어요. 뉴욕에 왜 왔냐고 물었더니 뉴욕 컬렉션을 보러 왔다는 거예요. 패션디자인을 정말 하고 싶은데, 컬렉션을 봐야 확신이 설 것 같아서 학교도 휴학하고 꿈을 찾아 엄마랑 왔더라고요. 그 학생은 뉴욕에 머물면서 몇 달 동안 쇼를 관람했대요. 패션에 대한 열정이 뜨겁고 의지가 대단한 아이였어요. 이렇게 자기가 하고 싶은 것이 구체적으로 분명하면 아무래도 성공할 확률이 높지 않을까요? 사실 요즘엔 모델에 지원하는 중학생들도 많아요. 이렇게 적극적으로 자신의 꿈을 찾는 아이들이라면 중간에 다른 방향으로 목표를 바꾸더라도 충분히 자신이 좋아하고 잘하는 일을 찾을 거예요.

편 꿈을 일찍 찾는 게 중요하다는 말씀인 거죠?

곽 꼭 목표를 일찍 정해야 한다는 말은 아니에요. 너무 빨리 꿈을 정해서 달려갔다가 이른 시기에 '번아웃'이 올 수도 있어요. 반대로 꿈을 전혀 알지 못하는 경우도 있는데, 그러면 하고 싶은 게 뭔지도 모르고 열정조차 생기지 않아요. 실제로 박사 학위까지 마쳤는데도 '나는 진짜 원하는 게 뭔지 모르겠다'라며 목표도 없이 계속 공부를 이어가는 사람들도 봤어요. 좀 안타깝죠. 그래서 더더욱 청소년기에는 자신이 진짜 원하는 걸 아는 게 중요한 것 같아요. 그것을 알아보려면 도전을 해 봐야 해요. 저는 어떤 일이든 직접 체험해 보고, 스스로 느끼면서 배웠어요. 해보고 나서 안 된다는 것을 알 때도 있었지만, 해보지도 않고 안 된다는 생각은 하지 않았죠. 그리고 새로운 것을 경험하는 과정에서 생각이 확장되고, 자신만의 감각도 생겨요.

편 직접 경험하며 좋아하는 것을 알아보라는 말씀이네요.
곽 패션 분야만이 아니라 다양한 분야를 체험하는 게 좋아요. 음악이라면 힙합, 록, 사이키델릭 등 여러 장르를 접해보고, 패션이라면 다양한 스타일을 시도해 보면서 자기 취향을 발견하는 거죠. 분야는 시간이 지나면서 바뀔 수도 있지만, 청소년 때 도전과 경험을 통해 자기만의 스타일을 찾아가는 과정이 꼭 필요합니다.

어떤 자질이 있어야 할까요?

편 패션디자이너가 되려면 어떤 자질이 필요할까요?

곽 기본은 옷에 관한 관심이에요. 미적 감각이 어느 정도 있어야 하고요. 사실 요즘은 어린아이들도 자기 취향이 분명해요. 제 아이도 다섯 살 때부터 양말 색깔을 스스로 고르고, 심지어 양쪽이 다른 양말을 신으려 하더군요. 그래서 『내 이름은 삐삐 롱스타킹』의 주인공 삐삐가 다른 색깔의 스타킹을 신었다는 걸 이해했어요. (웃음) 그런 것처럼 '무엇을 좋아한다'라는 감각이 일찍부터 드러나는 경우가 많아요.

편 미적 감각은 타고나야 하는 걸까요, 아니면 노력으로 키울 수 있을까요?

곽 기본적인 감각이 전혀 없으면 아무리 노력해도 한계가 있어요. 하지만 어느 정도 감각이 있다면, 많이 보고 경험하면서 얼마든지 발전할 수 있어요. 저는 제자들과 외국 출장을 가면 유명 브랜드 매장에 들러서 둘러보고 마음에 드는 옷은 입어보라고 권해요. 보는 것도 중요하지만 관심 있는 옷이 보이면 직접 입어서 촉감이나 흐름, 패턴을 이해하는 게 중요해요. 이렇게 직접 옷을 보고, 만지고, 입어보면 디자인에 대한 이해가 깊어지거든요. 그냥 멀리서 보기만 하면 절대 알 수 없는 것들이 있답니다.

편 호기심이 있어야 노력도 할 수 있는 것 같아요.

곽 맞아요. 호기심이 있어야 해요. 저는 1993년에 갈리아노가 '바이어스 커팅'을 선보인 때를 지금도 기억해요. 그때 정말 큰 충격을 받았거든요. 바이어스 커팅은 원단의 결을 비스듬히 잘라 흐르는 듯한 옷이 만들어지는 방식이었어요. 그런 옷이 너무 궁금해서 아르바이트를 해서 돈을 모아 바이어스 커팅 기법으로 만든 원피스를 샀어요. 60~70만 원짜리 고급 원피스였는데, 집에 걸어두고 매일 꿈꾸듯 바라봤어요. 그만큼 열정이 있었던 거죠. 미적 감각이 있더라도 열정이 없으면 어려운 일이에요.

바이어스 커팅(bias cutting)

　존 갈리아노는 1993년 런던 패션위크에서 선보인 컬렉션을 통해 바이어스 커팅 기법을 현대적으로 부활시켰어요. 바이어스 컷은 1920~30년대 마들렌 비오네가 창안하여 여성의 몸을 자연스럽게 드러내는 혁신적 기법으로 주목받았지만, 시간이 지나면서 점차 고전적인 방식으로 여겨져 주요 무대에서 자취를 감추었죠. 갈리아노는 이를 새롭게 해석해 실크, 새틴, 쉬폰 같은 유연한 원단을 사용하여 드레스를 제작했고, 옷은 몸의 곡선을 따라 흐르며 관능적이고도 고급스러운 실루엣을 완성했어요. 그의 시도는 단순한 복원이 아니라 1990년대 특유의 섹시하고 퇴폐적인 무드와 결합된 창조적 작업으로 평가되었으며, 당시 패션계는 이를 두고 1930년대 비오네의 기법이 현대적으로 되살아났다고 주목했습니다. 이 컬렉션은 갈리아노가 '런던 패션의 천재'라는 명성을 얻고, 이후 파리 무대에 진출해 지방시와 디올의 크리에이티브 디렉터로 자리매김하는 결정적 계기가 되었어요.

대학에 진학할 때 어떤 전공을
선택하면 도움이 될까요?

편 패션디자이너를 꿈꾼다면 관련 전공을 하는 게 좋을까요?

곽 패션 분야의 전공이 좋지요. 패션디자인을 전공하는 가장 큰 장점은 체계적인 교육 과정이에요. 대학에서는 평면 구성, 입체 구성, 색채학, 섬유학, 패턴·봉제 같은 기초 과목부터 시작해서, 이후에는 컬렉션 기획, 브랜드 마케팅, 디지털 패션, 3D 프로그램(CLO 등) 활용까지 전반적인 스펙트럼을 모두 다룹니다. 독학으로는 한계가 있는 부분을 대학에서 기초부터 밟아갈 수 있다는 게 큰 이점이에요. 이런 기초가 탄탄하면 어느 분야로 가더라도 응용이 가능하고, 작업에서 발생할 수 있는 리스크도 줄일 수 있죠. 실제 옷을 만들 때 원단은 0.5cm만 잘못 잘라도 옷의 느낌이 완전히 달라지는데, 이런 기본기를 대학에서 충분히 배우는 거예요.

편 옷을 만드는 기초를 배울 수 있는 거네요.

곽 학과에서는 단순히 '옷을 예쁘게 만드는 법'만 배우는 게 아니에요. 옷 한 벌이 만들어지기까지의 모든 과정을 차근차근 배웁니다. 먼저 기초 수업에서는 색채학, 디자인 드로잉, 인체 구조 등을 배우며 감각을 키워요. 왜 어떤 색은 잘 어울리고, 어떤 선은 사람을 더 길어 보이게 하는지 알게 되죠. 그다음은 패턴과 봉제 수업이에요. 종이에 옷의 설계도를 그리고, 원단을 자르고, 직접 바느질해서 옷을 완성합니다. 이렇게 만든 옷을 실제로 입어보면 내가 그린 그림이 현실로 나온다는 짜릿한 경험을 하게 돼요. 또한 패션사와 트렌드 분석도 중요한 과목입니다. 예를 들어 19세기 드레스와 현대 스트리트 패션은 어떤 차이가 있는지, 요즘 유행은 왜 그런지 배웁니다. 과거와 현재를 비교하면서 새로운 디자인 아이디어를 떠올리게 되죠. 마지막으로는 패션 마케팅과 브랜드 기획도 배워요. 아무리 옷을 잘 만들어도 판매로 이어지지 않으면 의미가 없으니까, 어떻게 사람들에게 알리고 판매할 수 있을지도 공부하는 거예요. 졸업할 때쯤이면 직접 컬렉션을 기획해 작품을 발표하죠.

편 실습의 기회도 많이 있나요?

곽 네. 학과에서는 직접 옷을 기획하고 제작하는 과정을 통해 졸업작품 컬렉션을 선보일 기회가 있어요. 이를 통해 포트폴리오를 완성할 수 있고, 실제 패션쇼 무대에 설 기회도 얻어요. 특히 3~4학년 때 진행하는 인턴십 프로그램을 통해 패션 회사에서 실무를 배우면서 업계 경험을 쌓을 수 있고, 인턴십을 마친 뒤 정식 채용으로 이어지는 경우도 많아요. 이런 경험이 졸업 후 진로에 큰 자산이 됩니다.

전문 교육기관도 있나요?

[편] 대학에 진학하지 않고도 패션디자인을 배우는 곳이 있나요?

[곽] 패션 아카데미 같은 다양한 대안이 있어요. 예를 들어 라사라, 에스모드 같은 학원들은 2년에서 4년 과정으로 운영되고, 졸업하면 해외에서도 인정을 받아요. 이런 곳에서는 봉제와 제작을 집중적으로 배우기 때문에 실제로 옷을 완성할 수 있는 능력을 빨리 기를 수 있어요.

[편] 이런 아카데미는 어떤 곳이고, 중점을 두는 교육 과정은 무엇인가요?

[곽] 라사라아카데미는 1961년에 설립된 국내 최초의 패션 전문 교육기관이에요. 교육부 학점은행제 평가 인증을 받아, 패션학사와 산업예술전문학사 학위를 취득할 수 있어요. 실무 중심 커리큘럼을 운영하고, 패턴, 봉제, 텍스타일, 무대의상, 전통의상, 액세서리 제작까지 다양한 분야를 체험할 수 있어요. 또 명품이나 다양한 소재를 직접 경험하며 현장 감각을 키울 수 있는 교육이 특징입니다.

에스모드 서울은 세계에서 가장 오래된 패션 스쿨인 프랑스 ESMOD 파리의 한국 분교입니다. 1989년에 설립되었고, 글로벌 패션 교육을 한국에서 경험할 수 있는 곳이에요. 1학년 때는 기초부터 차근차근 배우고, 2학년 이후에는 전문성과 창의성을 확장하는 단계별 커리큘럼을 운영합니다. 실무와 연계된 수업이 많아 실제 패션 현장에서 쓰이는 기술과 감각을 익히게 됩니다.

라사라는 학위 취득(학사·전문학사)이 가능하고, 실무 위주 교육과 높은 취업률이 강점입니다. 에스모드는 프랑스 명문 패션 스쿨의 커리큘럼을 그대로 경험할 수 있고, 기초부터 창의성까지 단계적으로 성장할 수 있다는 특징이 있습니다. 이 밖에도 패션디자인을 배울 수 있는 곳은 꽤 많이 있어요.

편 대학과 아카데미는 어떤 차이가 있을까요?

곽 전반적으로 대학은 예술성과 감성적인 부분을 잘 키워주지만, 실무 능력은 상대적으로 부족할 수 있어요. 반대로 모든 아카데미가 그런 것은 아니지만 대체로 기술적인 부분에 강하고, 회사에 들어갔을 때 바로 투입될 수 있는 장점이 있지요. 대신 창의성과 예술적 감각은 다소 부족할 수 있어요. 어떤 강점을 키우고 싶은지에 따라 선택하면 됩니다.

편 지방에서 배우는 것도 가능할까요?

곽 현실적으로는 쉽지 않아요. 패션 시장의 중심이 서울에 있다 보니 지방에서 배우는 데에는 한계가 있어요. 그래서 대부분 서울에 있는 아카데미를 선택하게 됩니다.

패션디자이너로 데뷔하는
방법은 무엇인가요?

편 패션디자이너로 데뷔하는 방법은 무엇인가요?

곽 다양한 방법이 있어요. 전통적으로는 컬렉션 무대에 참가해 신인 쇼에서 데뷔할 수 있고, 또 자신의 브랜드를 직접 런칭하는 방법도 있어요. 해외 전시에 참가해 자신이 만든 옷을 선보이고, 수출 계약을 통해 시작하는 경우도 있죠. 다른 브랜드의 옷을 디자인해 주는 프로모션 디자이너로 커리어를 쌓는 방법도 있어요. 또는 다른 디자이너의 옷을 구매해 판매하면서 일부는 직접 제작한 옷을 섞어 파는 방식으로 시장에 진입하기도 합니다.

편 패션 회사에는 어떻게 입사할 수 있나요?

곽 예전에는 공채가 있었는데 요즘은 거의 없는 것으로 알고 있어요. 특히 디자이너는 경력직을 선호하는 경우가 많습니다. 최저임금이 올라가면서 신입을 뽑아 가르치기보다는 바로 현장에 투입할 수 있는 사람을 원하기 때문이에요. 그렇다고 경력을 쌓을 기회가 아주 없는 것은 아니니 경력을 쌓을 기회를 찾아야 해요. 최소 1년 이상의 경력을 쌓으면 다음 단계로 나아갈 수 있어요.

편 경력을 쌓기 어려운 이유가 있나요?

곽 처음에는 누구나 힘든 과정을 거치게 돼요. 1년을 버티는 게 가장 어렵죠. 3개월, 6개월, 1년쯤 되면 '이 길이 나에게 맞을까?'라는 고민이 커지거든요. 그래서 많은 사람들이 그 시기에 회사를 그만두기도 합니다. 그 시기를 슬기롭게 보내고, 3년에서 5년 정도 경력을 쌓은 사람들은 몸값이 확 올라갑니다. 그 정도 경험이 있으면 찾는 회사가 많거든요. 하지만 그 과정에서 3년 정도는 거의 배우기만 하는 시기라고 보면 됩니다. 단순 업무나 보조 업무 위주로 일하면서 실무를 익히는 거죠. 창의적으로 자기 아이디어를 펼치거나 성과를 내기는 쉽지 않습니다.

편 그렇다면 어떤 준비가 가장 중요할까요?

곽 무엇보다도 많이 만들어 보는 것이 중요해요. 옷을 직접 만들어 보고 구조와 과정을 이해한다면, 어떤 방식으로 데뷔하든 무한한 가능성이 열립니다. 옷을 제대로 이해하는 힘이 결국 디자이너로서 가장 큰 자산이 됩니다.

ASHION DESIGNER

패션
디자이너가
되면

회사 디자이너와 브랜드 디자이너의 업무는
어떻게 다른가요?

편 패션디자이너는 의류 회사, 패션 브랜드, 섬유 회사 등에서 채용하는데요. 기업에 채용된 사람들은 어떤 일을 하나요?

곽 기업의 규모가 어떤가에 따라 조금 다를 수 있는데, 대기업의 예를 들어볼게요. 기업에 입사한 신입 디자이너는 처음에 단순한 일을 많이 맡아요. 1년 차에는 복사나 간단한 사무 업무를 하고, 다음 해에는 피팅 모델처럼 옷을 입어보는 일을 하기도 해요. 그러다 3년 차쯤 돼야 본격적으로 디자인을 맡아요. 기업에 입사하면 이 시간을 견뎌야 하죠. 그리고 대기업은 업무가 철저히 분업화돼 있어서 색을 담당하는 컬러리스트, 소재만 연구하는 업무, 트렌드 조사만 하는 업무 등 분야에 따른 담당자가 따로 있어요. 그래서 디자이너가 디자인을 구상하는 단계부터 샘플 제작, 생산 과정에 이르기까지 여러 사람들과 긴밀히 협력해야 해요.

편 본인의 브랜드를 가진 디자이너는 어떤가요?
곽 개인 브랜드 디자이너는 사실상 브랜드를 혼자서 이끌어

가야 해요. 그래서 단순히 옷만 디자인하는 게 아니라, 처음부터 끝까지 거의 모든 과정을 직접 책임져야 하죠. 먼저 시장이 어떤 흐름으로 가는지 트렌드를 조사하고, 그걸 바탕으로 디자인과 스케치를 합니다. 옷을 만들려면 원단이나 단추, 지퍼 같은 부자재도 직접 고르거나 사 와야 하고요. 또 패턴을 만들고 샘플을 제작하는 과정도 직접 하거나 외주를 맡겨 진행하게 돼요. 그다음에는 공장과 연락해서 대량생산이 가능하도록 협의해야 하고, 옷이 나오면 홍보도 직접 챙겨야 합니다. SNS에 올리거나 룩북을 촬영하고, 브랜드를 알리는 홍보 활동도 디자이너의 역할이에요. 완성된 제품은 온라인몰, 편집숍, 오프라인 매장 같은 다양한 채널에서 판매되는데, 이 과정 역시 직접 관리합니다. 게다가 브랜드가 굴러가려면 돈 관리도 해야 하고, 고객 문의나 피드백에도 직접 대응해야 하죠. 결국 개인 브랜드 디자이너는 기획부터 제작, 판매와 운영까지 모든 걸 총괄하는 '브랜드의 주인' 역할을 한다고 볼 수 있어요.

편 개인 브랜드 디자이너는 기업 소속 디자이너가 여러 사람과 협력해서 하는 일을 혼자서 해야 하는 거네요.

곽 맞아요. 저희 같은 경우는 기획부터 쇼 준비, 매장 운영,

심지어 공장과의 협업까지 신경 써야 해요. 공장과 소통하며 제작 과정을 컨트롤하고, 납품 기한을 조율하고, 소재가 언제 들어오는지까지도 확인하고요. 옷이 잘 팔리면 추가 생산을 해야 하는데, 이때 소재를 다시 확보할 수 있을지, 제작 기간은 얼마나 걸릴지도 다 고려해야 하죠. 그래서 해야 할 일이 정말 많아요.

[편] 가장 큰 차이는 분업과 총괄이라고 볼 수 있겠어요.

[곽] 대기업에서는 한정된 영역을 깊게 파고들어 한 분야에 전문성을 쌓을 수 있고 안정적인 시스템에서 일할 수 있다는 장점이 있어요. 하지만 옷이 만들어지는 전 과정을 배우기는 어렵죠. 반대로 개인 브랜드에서는 아이디어, 기획, 제작, 유통, 판매까지 모두 직접 챙겨야 해서 업무량이 많고 쉴 틈이 없지만, 디자인부터 판매까지 전 과정을 경험하면서 더 큰 책임감과 성취감을 얻을 수 있어요.

근무 시간과 휴일은 어떻게 되나요?

편 패션 업계의 근무 시간과 휴일은 어떤가요?

곽 예전에는 정말 힘들었지만, 요즘은 많이 달라졌어요. 대부분의 회사가 법정 근무 시간을 지키고 휴일도 보장해요. 다만 회사마다 분위기는 조금씩 다를 수 있습니다.

편 근무 환경이 안정적이라고 보면 될까요?

곽 패션은 때에 맞춰 새로운 상품을 내놓아야 하는 압박이 있는 분야예요. 그래서 때에 따라서는 일이 잘 풀리지 않아 새 상품을 내놓을 시간이 부족하기도 해요. 그럴 때는 오버타임 근무를 해야 하죠. 하지만 최근에는 가능하면 근무 시간을 지키려고 노력하죠.

편 근무 방식에 변화도 있나요?

곽 요즘은 주 4.5일제 같은 새로운 근무 방식을 도입하려는 회사도 있어요. 또 줌Zoom 같은 원격 근무를 활용해 업무 시간 외에 연락을 주고받기도 하죠. 그런데 이런 경우 그것을 업무 시간으로 볼지 말지 애매한 경계도 있어요.

편 디자인은 창의적인 업무에 속하는 일이라 근무 시간이 구속이 될 수도 있겠어요.

곽 그런 면이 있죠. 디자인은 공무원이나 회사원처럼 정해진 일을 똑같이 반복하는 게 아니에요. 어떤 날은 능률이 오르기도 하고, 어떤 날은 갑자기 하기 싫어질 때도 있죠. 창의적인 일의 특성상, 시간보다 결과가 더 중요한 경우가 많습니다. 그래서 대기업 같은 곳에서는 결과를 못 내면 회의 자리에서 크게 질책을 받기도 하고, 직급에 맞는 성과를 내지 못하면 바로 평가가 떨어지기도 해요. 개인 브랜드도 마찬가지고요. 시간을 지키려는 노력보다는 능률적으로 일을 해내는 게 더 중요한 것 같아요.

수입은 어느 정도 인가요?

편 디자이너의 수입은 어느 정도 인가요?

곽 일률적으로 얼마라고 말하기 어려워요. 수입 구조가 다양하고 기복이 크다는 표현이 맞을 거예요. 최저 수준에서 시작할 수도 있지만, 반대로 크게 성공하면 무한대의 수입도 가능해요. 어느 조사 기관에 따르면 패션디자이너의 연봉이 평균은 6~7천만 원 정도라고 해요. 기업에 취업한 신입은 약 3,000만 원대부터 시작하고, 경력이 쌓이면서 연봉이 올라가는 구조예요. 큰 회사에서 일하는 디자이너들은 실장급이 되면 보통 1억~3억 원 사이를 받는 것으로 알고 있어요.

편 개인 브랜드를 운영하는 경우는 어떤가요?

곽 개인 사업자는 워낙 편차가 커서 평균을 내기 어려울 거예요. 개인 브랜드는 하나의 사업체이기 때문에 매출을 얼마나 올리느냐에 따라 수입이 결정돼요. 성공한 브랜드 디자이너는 사업체의 대표로서 상당한 수익이 뒤따르죠.

이 일을 위해 따로
노력하는 것이 있나요?

편 이 일을 위해 따로 노력하는 것이 있나요?

곽 디자이너로서 트렌드를 읽고 감각을 유지하기 위해 뭔가를 따로 노력한다기보다는 좋아하는 것을 하죠. 저는 이미지를 보는 걸 굉장히 좋아해요. 꼭 패션 사진이 아니더라도 자연물에서 색감이나 질감을 찾으려고 사진 자료를 많이 찾아봐요. 그래서 제 휴대폰은 이미지 자료로 용량이 꽉 차 있죠.

여행을 가거나 새로운 뮤직비디오를 보는 것도 좋아해요. 아이돌 이름은 잘 몰라도 뮤직비디오 속 의상, 음악, 배경에서 많은 영감을 얻어요. 블랙핑크의 제니 뮤직비디오에 우주 세계관을 담은 장면이 나오는데, 그걸 보면서 '패션으로 우주의 세계를 어떻게 표현할 수 있을까'라는 생각을 한 적도 있어요. (웃음)

아, 따로 노력하는 것도 있어요. 바로 운동인데요. 디자이너 일은 체력과 정신력이 뒷받침되어야 하거든요. 그래서 매일 운동하려고 노력합니다. 예전에는 진이 빠질 정도로 일만 했는데, 요즘은 조금은 행복하게, 균형 있게 하려고도 해요. 외국에서는 중·고등학생들에게 운동을 필수적으로 시킨다는

"

데, 자제력과 컨트롤 능력을 키우기 위해서라고 해요. 운동을
하면서 그게 맞는 말이라는 걸 알겠더라고요.

이 직업의 매력은 무엇인가요?

편 이 직업의 매력은 무엇이라고 생각하세요?

곽 우선 굉장히 화려하고, 최고 수준의 문화와 예술을 누릴 기회가 많은 직업이에요. 세계적인 아티스트들도 패션디자이너를 존중하고, 무시하지 않죠. 그만큼 하이 컬처^{High Culture} 속에서 활동할 수 있다는 게 큰 매력입니다.

경제적인 면에서도 만족스러운 결과를 얻을 기회가 많아요. 패션디자이너는 돈을 벌고자 하면 남부럽지 않게 많은 수입을 얻을 수 있는 직업입니다. 물론 기복은 크지만, 기회에 따라 억대 수입도 가능하죠.

편 사회적 영향력도 큰 직업인 것 같아요.

곽 네. 패션은 단순히 옷을 만드는 게 아니라 시대상을 반영하고, 때로는 역사를 바꿀 수 있는 힘이 있어요. 예를 들어 드라마 속 의상이 화제가 되면, 그 작품과 함께 디자이너의 이름이 기록되기도 합니다. "이 드라마의 옷은 누가 했대?" 하면 제 이름이 남는 것처럼요. 이런 부분이 매우 특별하지요.

편 개인적으로 느끼는 보람은 어떤가요?

곽 무엇보다도 상상한 것을 현실로 구현할 수 있다는 즐거움이 커요. "이렇게 바꿔볼까? 저렇게 시도해 볼까?" 하면서 아이디어가 옷으로 만들어지는 과정이 정말 매력적이에요. 또 체력만 된다면 나이가 들어서도 꾸준히 활동할 수 있다는 점도 큰 장점입니다.

23 S/S Runway 'TRACK'

디자이너로서 보람을 느끼는
순간은 언제인가요?

편 디자이너로서 보람을 느끼는 순간은 언제인가요?

곽 제가 만든 옷을 입은 사람들이 만족할 때 보람을 느끼죠. 저는 배우, 가수, 스포츠 스타들의 옷을 제작한 적이 많아요. 연예인이나 유명인들의 옷을 만드는 작업은 꽤 힘들어요. 그런데 무대나 화면 속에서 제 옷을 입고 멋지게 날개를 단 것처럼 서 있는 모습을 보면 뿌듯하고 보람도 느끼죠. 옷은 사람에게 날개를 달아주는 힘이 있어요. 무대에 서야 하는 연예인들이 무대에 오르기 전에 '무대에는 옷과 나밖에 없다'는 생각을 한다고 해요. 대중 앞에 서야 하는 연예인에게 의상의 힘이 꽤 크게 작용하는 거예요. 제가 만든 옷을 입고 무대에 오르면 갑옷을 입은 것처럼 에너지가 생기고, 공연을 훨씬 잘할 수 있다는 말을 들으면 그 옷을 만들기 위해 했던 고생이 헛된 게 아니라는 생각에 뿌듯하죠.

편 특별히 기억에 남는 경험이 있을까요?

곽 외국인 고객이 찾아왔을 때가 기억에 남아요. 영국에서 온 70대 여성분이셨는데, 한국에 머무는 4일 안에 결혼 드레스를 맞추고 싶다고 하셨어요. 짧은 시간이라 부담스럽기는 했지만 인생의 특별한 이벤트를 맞은 그분을 위해 심플한 원피스 같은 드레스를 만들어드렸어요. 옷을 완성하고 보니 좀 밋밋해 보여서 저는 만족스럽지 않았는데, 드레스를 입어본 그분이 "미라클! 미라클!" 외치며 점프까지 하시고 너무 행복해하셨어요. 그리곤 꼭 밥을 사야겠다고 하셔서 그분의 연애사를 들으며 식사했죠. 외국 고객들은 상대적으로 더 너그럽고 높은 만족도를 표현하는 경우가 많아요. 제 작은 정성에도 크게 감동하는 모습을 보고 저도 마음이 따뜻해졌고 덩달아 행복하고 의미 있는 일을 했다 싶은 생각이 들었어요.

또 한번은 딸의 옷을 맞춰달라는 어머니의 의뢰를 받은 적이 있어요. 딸이 결혼을 앞두고 있는데, 예비 신랑이 단정하고 합리적인 여성 스타일을 좋아한다고 데이트할 옷 10벌을 맡기셨어요. 그 후 어머니가 찾아와 청첩장을 주시면서 "곽 선생님 덕분에 우리 딸이 결혼했다"고 말씀하시는데 정말 흐뭇했어요.

편 혹시 길에서 대표님이 디자인한 옷을 입은 사람을 본 적도 있으세요?

곽 있어요. 제가 예전에 롯데백화점에 입점한 숍에 다른 디자이너들과 함께 옷을 한 벌 내놓은 적이 있어요. 딱 한 벌만 만든 샘플 옷이었는데, 어느 날 전철에서 어떤 분이 그 옷을 입고 있는 걸 우연히 봤어요. 세상에! 딱 한 벌 만들었는데 누군가 입고 있다는 사실이 너무 신기했어요. 처음엔 믿기지 않아서 가만히 보다가 가까이 가서 봤죠. 그런데 정말 제가 만든 옷이더라고요. 그때 희열을 느꼈죠. 또, 우연히 어떤 상점에서 제가 만든 옷을 입은 사람을 본 적도 있어요. 그 옷도 한 벌만 만든 건데, '저 옷이 정말 내 디자인이 맞나?' 싶어 다가가 확인했는데, 정말 제 옷이더라고요. 그 순간도 신기했죠. 그런 우연이 있더라고요. (웃음)

이 일의 어려운 점은 무엇인가요?

편 이 일의 어려운 점은 무엇인가요?

곽 소비자의 반응이 좋지 않을 때 힘들다는 거. 특히 맞춤 옷을 제작하다 보면 고객들의 요구가 까다롭고 곤란한 상황이 발생하는 때도 꽤 있어요. 예전에 한때 백화점에서 옷을 산 고객이 반품을 요구하면 무조건 수락해야 하는 문화가 있었어요. 고객이 왕이라는 말이 있을 정도로 무리한 요구도 수용해야 했죠. 지금은 좀 나아진 것 같지만, 그래도 여전히 불평이 많은 고객을 대하면 좀 힘들죠.

편 디자이너 브랜드는 대중을 상대로 한 상품을 판매하는 것과는 다른 어려움이 있겠어요.

곽 그렇죠. 무엇보다 옷에 대한 이해가 적은 고객들이 불가능한 것을 요구할 때가 있어요. 털이 있는 옷감을 박음질하면 그 부분은 실에 먹혀서 좀 표가 나요. 옷의 소재가 그러니까 그건 어쩔 수 없는 건데, 어떤 고객이 모든 털을 고르게 해 달라고 우겨서 곤란했던 적도 있어요. 또 옷을 볼 때는 주름이 없었는데 입으니 주름이 생겼다, 왼쪽과 오른쪽이 비대칭이라며 환불해 달라는 고객들도 있었어요. 옷은 원단을 두

겹으로 겹쳐서 잘라 만들기 때문에 같은 규격인데, 사람 몸
은 대부분 어깨높이가 다르고, 팔다리 길이가 달라서 옷을
입으면 조금 차이가 나죠. 또 몸은 입체적이잖아요. 그래서
주름이 없는 옷이라도 입으면 자연스럽게 주름이 생기게 마
련이에요. 그런데 몸의 특성은 전혀 고려하지 않고 옷이 잘못
되었다고 억지를 부리는 고객들 때문에 곤란한 적도 있었어
요. 그런 일들을 겪다 보면, 맞춤옷 제작이 얼마나 어려운 일
인지 절실히 느끼게 되죠.

직업적인 습관이나 질병이 있나요?

편 이 일을 하면서 생긴 직업적인 습관이나 질병이 있나요?

곽 있어요. 저는 백화점에 가면 제 물건이 아닌데도 그냥 지나치지 못해요. 스카프가 어설프게 걸려 있으면 제가 직접 예쁘게 정리해 주고, 단추가 잘못 잠겨 있으면 다시 채워놔요. (웃음) 옷에 문제가 보이면 그냥 넘어가지 못하고 직원들에게 말해주는 경우도 많아요.

편 사람들을 볼 때도 디자이너의 눈으로 볼 것 같아요.

곽 그렇죠. 저는 원래 시각적인 부분이 특히 발달한 편이에요. 다른 감각은 보통 수준일지 몰라도 보는 것만큼은 타고나기도 했고 직업적으로 훈련되어 발전한 것도 있어요. 패션쇼를 준비할 때는 수백, 수천 명의 모델 중에서 저의 의상에 맞는 모델 수십 명을 선발해야 해요. 긴 시간을 투자할 수 없으니 모델의 체형과 비율을 빠르게 파악하는 눈이 저절로 길러졌어요. 이제는 척 보면 허리가 긴지 짧은지, 다리가 긴지, 얼굴 비율은 어떤지, 이런 것들이 한눈에 들어오죠. 어떻게 보면 제 눈이 사방에 달린 것처럼, 주변 이미지를 동시에 보는 습관이 생긴 거예요. 이런 직업적인 습관이 일상에서도 그대로 드러나요. 길에서 마주치는 사람이 너무 예쁘면 "이렇게 입으면 훨씬 더 멋질 거예요"라며 무심코 스타일링 조언을 해주기도 해요. 패션쇼 무대를 준비할 때 많은 모델들을 보다 보니, 이제는 사람을 보면 자동으로 옷을 대입해 보는 거죠. 그뿐 아니라 이 체형이면 이 정도 사이즈가 딱 맞겠다, 어깨가 좁으니 이런 디자인이 어울리겠다, 같은 계산도 자연스럽게 떠올라요.

스트레스는 어떻게 관리하세요?

편 브랜드를 운영하는 대표님이라 스트레스가 꽤 있을 것 같은데, 실제로 어떠신가요?

곽 늘 시간에 쫓기고, 예산과 돈 문제에 쫓기고, 이런저런 이유로 스트레스가 정말 많죠. 저는 예전에 일에서도 인간관계에서도 '왜 그랬을까?' 하고 곱씹으며 깊이 빠지는 편이었어요. 그런데 요즘엔 어떤 사건이 생겨도 지나치게 집착하지 않고, 그냥 뇌에서 딱 잘라내듯 잊어버리려고 노력해요. 그럴 때 도움이 되는 건 잠이에요. 이건 사람마다 다를 수 있는데, 저는 스트레스를 받으면 잠을 자요. 푹 자고 나면 리셋된 것처럼 다시 시작할 수 있더라고요.

편 창의적인 일을 하는 분들을 보면 작업에 몰입해서 현실을 잊는 것도 스트레스라고 하던데, 대표님은 어떠세요?

곽 저도 마찬가지죠. 너무 몰입한 나머지 오히려 문제를 해결하지 못해 괴로울 때가 있어요. 지나치게 몰입하다 보면 균형을 놓치기 쉬워서 그래요. 그럴 때는 잠시 덮어두고 시간을 두고 다시 봐야 해요. 그러면 문제점이 보입니다. 그림을 그릴 때도 가까이서만 보면 코는 괜찮은데 전체 비율이 어긋날 때가 있잖아요. 그럴 땐 멀리 떨어져서 바라본 뒤 다시 다듬으면 균형이 맞게 되는 것처럼, 옷도 마찬가지로 시간이 지나고 나서야 '이건 살리고, 이건 버려야겠다'라는 판단이 서는 경우가 많아요.

편 이 직업은 사람들의 평가를 받는 직업인데, 그게 스트레스가 되지는 않나요?

곽 항상 칭찬만 받을 수는 없는 게 일이잖아요. 때로는 비판적인 지적이 스트레스가 되기도 하지만 그런 말도 수용하려고 노력해요. 예전에 한 스타일리스트가 제 옷을 두고 '너무 복잡한 옷을 만든다'라고 말한 적이 있었어요. 사실 제 디자인은 디테일이 많아서 단순한 스타일을 좋아하는 사람들에게는 그렇게 보일 수 있어요. 하지만 저는 그런 피드백도 '사람마다 보는 눈이 다르다'라고 받아들이고 넘기려고 해요.

이 직업과 관련해 추천하는
영화나 드라마가 있다면?

편 패션에 관심 있는 청소년들에게 추천하고 싶은 영화나 드라마가 있을까요?

곽 〈악마는 프라다를 입는다〉라는 영화가 가장 먼저 떠오르네요. 이 영화는 뉴욕의 패션 잡지사 에디터 미란다 프리스틀리(메릴 스트립)의 공동 비서로 일하게 된 앤드리아 삭스(앤 해서웨이)가 주인공이에요. 실제 유명한 패션잡지 〈보그〉의 편집장이 모델이 된 이 영화는 유명 디자이너의 의상들과 악세사리들이 나오는데, 영화 역사상 가장 많은 의상비가 들었다고 하죠. 그만큼 볼거리가 많은 영화로 이 작품을 보면 패션 업계가 어떤 세계인지, 그 안에서 어떤 긴장과 열정이 오가는지를 잘 알 수 있어요.

이 직업과 관련은 없지만 색감이나 의상이 뛰어난 영화로 〈위대한 유산〉도 기억에 남아요. 제가 배우 기네스 펠트로를 굉장히 좋아하는 것도 있지만, 영화 속 드로잉 장면이 너무 아름다웠고, 케빈클라인이 디자인한 의상도 인상적이었어요. 특히 그린 컬러의 활용을 보면서 '색이 이렇게 예쁠 수 있구나'라는 걸 느꼈죠.

최근에 본 드라마 〈에밀리, 파리에 가다〉도 추천해요. 주인공 에밀리가 자신만의 스타일로 파리 사람들 사이에서 자신을 표현하는 모습은, 패션이 곧 '나를 보여주는 언어'임을 알려주는 것 같아요. 화려한 파리의 거리와 런웨이 같은 일상은 패션이 문화와 도시 속에서 어떻게 태어나는지를 생생하게 보여주죠. 또, 브랜드 이미지와 스타일링의 관계, 그리고 패션이 사람을 연결하는 힘까지 느낄 수 있어요. 단순히 패션만이 아니라, 프랑스 사람들의 문화, 말투, 생활 방식까지 엿볼 수 있어 감각을 넓히는 데 도움이 될 거예요.

편 청소년들이 이런 작품들을 보면서 무엇을 얻으면 좋을까요?

곽 지금은 이미지를 접할 기회가 워낙 많잖아요. 그런데 중요한 건 단순히 보는 데 그치지 않고 변화를 감각적으로 포착하고 자기만의 시선으로 해석하는 능력을 키우는 거예요. 영화나 드라마 속 패션을 통해 색감, 소재, 문화적 맥락을 민감하게 바라보는 습관을 들이면 큰 도움이 될 거예요.

디자인과 디자이너의 경계가
모호해진다는데, 무슨 의미인가요?

편 디자인과 디자이너의 경계가 모호해진다는 말이 있던데, 어떤 의미인가요?

곽 과거에는 디자이너라 하면 직접 옷을 기획하고, 스케치하고, 패턴을 만들며, 실질적으로 창작의 모든 과정을 이끌어가는 사람을 의미했어요. 그런데 요즘은 그 역할이 점점 달라지고 있어요. 이미 존재하는 의상을 가져다가 패턴사에게 어느 부분만 수정해 달라는 식으로 해서 새로운 디자인이라고 공개하는 경우가 많아진 거죠. 그러다 보니 과연 그 행위를 '디자인'이라고 할 수 있는지, 아니면 단순히 방향을 제시하는 '디렉션'에 불과한지, 경계가 모호해 논란이 생기죠.

편 이런 현상은 왜 나타나는 걸까요?

곽 패션 산업의 속도 때문이에요. 패스트패션과 트렌드 변화가 너무 빨라지면서, 완전히 새로운 옷을 처음부터 설계하기보다는 기존 아이템을 변형하는 방식이 효율적이 된 거예요. 시장 구조의 변화도 한몫을 하죠. 브랜드들은 디자이너 개인의 창작성보다 '팔리는 옷'을 더 우선시하기 때문에 독창적인 발명보다는 트렌드 변형에 집중하는 디렉터형 디자인이 늘어나고 있어요. 요즘은 무신사 같은 플랫폼에 수많은 디자이너 브랜드가 있고, 옷값도 몇만 원대로 저렴해요. 또 인플루언서가 디자이너로 활동하기도 하고, 동대문 기반의 '바라벨(저가 패션 브랜드)' 디자이너들도 많아요. 그래서 디자이너 하면 싸고 특이한 옷을 만드는 사람이라고 생각하는 경우도 생기더라고요.

편 대표님이 걸어온 길과 비교하면 어떤 차이가 있을까요?

곽 저는 대학 시절에 평면 구성, 입체 구성, 봉제 기술까지 4년 동안 다 배웠어요. 직장에서도 다양한 실무 경험을 쌓은 뒤 제 브랜드를 시작했죠. 그런데 요즘은 인플루언서들이 동대문에서 옷을 사와 조금 변형하는 방식으로 '디자인'을 한다고 하니, 전통적인 디자이너와의 구분이 점점 어려워지고 있는 건 사실이에요.

편 이런 흐름이 패션계에 어떤 영향을 미칠까요?

곽 저는 이것을 양날의 검이라고 생각해요. 한편으로는 디자인의 접근성이 넓어지고, 더 많은 사람들이 크리에이티브 프로세스에 참여할 수 있게 된 긍정적인 변화입니다. 하지만

다른 한편으로는 디자이너의 정체성과 전문성이 희석될 위험
도 있어요. 결국 앞으로의 패션계는 '진정한 창작'과 '효율적
디렉션' 사이에서 어떤 균형을 잡을 것인지가 중요한 과제가
될 것 같아요.

패션쇼의 옷과 대중에게 판매하는 옷은 어떻게 다른가요?

편 패션쇼에서 선보이는 옷과 일반 대중에게 판매하는 옷은 많이 다르겠죠?

곽 달라요. 패션쇼 옷은 제 욕구나 창작 의지를 담은 작품에 가깝고, 판매용 옷은 대중이 실제로 입을 수 있도록 실용적으로 제작해요. 데일리 옷은 누구나 입기 편하도록 여유 있게 디자인하는 편이에요. 가령 허리에 밴드를 넣거나 고무줄 처리해 체형에 따라 융통성 있게 맞도록 하거나, 소매와 바지 길이도 너무 길지 않게 조절해 평균적인 체형에 맞게 제작합니다. 또 컬렉션에서 나온 옷을 변형해 맞춤 제작으로 판매하기도 해요. 컬렉션에 선보인 옷은 모델들이 입기에 최적화한 디자인이에요. 모델들은 키가 180cm 정도 되는 경우가 많아 사이즈가 일반인과 크게 달라서 그대로 판매할 수는 없어요. 그래서 컬렉션 디자인을 응용해 일반 고객의 체형에 맞게 조정하거나 맞춤 제작하는 방식으로 판매하죠. 달리 말해, 컬렉션이 '예술적 표현'이라면, 데일리 라인은 '실용성'을 우선하는 거예요.

SURVIVAL
FASHION
서울시 두
너 콘테스트
곽현주
designer

SHION DESIGNER

곽현주
디자이너의
일과 작품

F A

여러 개의 브랜드를 운영하는 이유가 있나요?

 곽현주컬렉션 브랜드 말고도 다른 두 개의 브랜드를 운영하시는데, 그렇게 나누어 운영하는 이유가 있나요?

 메인 라벨Main Label과 세컨 라벨Second Label의 개념으로 브랜드의 목표와 성격이 달라요. 메인 라벨은 디자이너의 철학과 미학을 가장 잘 드러내는 브랜드의 얼굴이자 대표 라인으로 런웨이나 패션위크에 선보이는 주요 컬렉션이 여기에 해당해요. 메인 라벨의 의상은 고급 소재와 독창적인 디자인을 사용해 가격대가 높고 수량도 한정적이죠. 상업적인 판매보다는 브랜드의 정체성과 예술성을 보여주는 데 초점이 맞춰져 있어, 소비자보다는 패션 업계나 미디어의 주목을 받는 경우가 많아요.

반면 세컨 라벨은 메인 라벨보다 대중 친화적이고 상업적인 성격이 강해요. 합리적인 가격과 일상에서 입기 편한 옷을 중심으로 하여 젊은 소비자층을 공략하며, 메인 라벨에서 시도하기 어려운 실험적 디자인이나 다양한 콜라보레이션도 자유롭게 선보이죠. 유통 채널 또한 차이가 있는데, 메인 라벨이 주로 백화점이나 부티크 같은 고급 채널을 통해 판매된다면, 세컨 라벨은 온라인몰이나 로드숍 등 대중적인 경로로 소비자에게 다가갑니다.

🔵 곽현주컬렉션이 메인 라벨이겠네요?

⚫ 그렇죠. 곽현주컬렉션은 'Good Sense'를 가진 여성과 남성의 패션과 문화가 함께하는 개념의 브랜드예요. 전문직에 종사하는 사람들, 패션을 사랑하는 모든 사람이 자신만의 콘셉트를 만들어 다양한 문화와 함께 즐기실 수 있도록 제안하는 패션이기도 하죠. 곽현주컬렉션은 입었을 때 인체적으로 섹시하고 매력적이면서도 파워풀한 분위기, 그리고 화려한 패턴으로 브랜드의 색깔을 명확하게 드러내죠. 특별할 것 없는 일상의 작은 순간에서 받은 영감이 모여 시즌 콘셉트로 발전하고, 독자적으로 개발하는 시그니처 프린팅 디자인으로 곽현주컬렉션만이 가질 수 있는 특별함을 완성해 가는 브랜드예요.

🔵 다른 두 브랜드는 어떻게 다른가요?

⚫ 애플키튼APPLE KITTEN과 젯콜리코ZCOLICO라는 두 개의 브랜드가 있는데요. 애플키튼은 사과와 작은 고양이의 합성어로 작은 고양이에게서 느껴지는 여리면서도 강한 생명력에

KWAKHYUNJOO COLLECTION

by **Kwak Hyun Joo**

희망을 상징하는 사과의 이미지가 합쳐져 건강한 행복을 추구하는 의미의 브랜드예요. '지구에 종말이 와도 우리는 사과나무를 심는다'는 어느 철학자의 말처럼 그 어느 때보다 인류는 희망적인 미래에 대한 염원이 강렬한 것 같아요. 특히 코로나19를 겪으면서 전 세계적으로 일상과 행복, 건강, 환경에 대한 메시지가 더 중요해졌다고 생각했어요. 앞으로 인류가 맞이할 고령화 사회와 여러 과제 앞에서 우리가 어떻게 희망적인 미래를 만들 수 있을까 하는 고민도 있었고요. 라이프스타일 브랜드로서 옷뿐 아니라 가방, 신발, 침구류, 생활용품까지 확장해서, 일상생활에 필요한 제품까지 그 영역을 확장한 브랜드죠. 또한, 저희가 중요하게 생각하는 건 사회적 책임이에요. 환경과 동물을 보호하고, 아이들을 지원하는 활동에 꾸준히 참여하려고 해요. 그런 가치를 바탕으로, 편안하면서도 우아한 무드의 지속가능한 라이프스타일을 만들어가고 있습니다. 함께 소통하면서 그 길을 걸어가고 싶은 브랜드가 바로 애플키튼이에요.

그와는 결이 다른 브랜드가 젯콜리코인데요. 이 브랜드는 '제트기'에서 따온 'Z'와 꿀벌과인 '꽃등에'라는 의미의 스페인어 '콜리콜리KOLIKOLI'와의 합성어로 '제트기'의 시크한 느낌과 독침을 가진 꿀벌 '콜리콜리'의 치명적인 카리스마를 모티

브로 하고 있어요. 현대 여성들이 자신을 지키기 위해 취하는 에티튜드와 맞물려 있어요.

편 브랜드마다 표현하고자 하는 패션의 목표가 다르다는 게 흥미로운데요. 이렇게 다른 색깔의 브랜드를 여러 개 운영할 수 있을 만큼 선생님의 패션 아이디어가 다양하고 열정이 넘치는 것 같습니다.

대학 강의는 얼마나 오래 하셨어요?

편 대학에서 강의는 언제부터 하셨어요?

곽 대학원 시절에 시작했어요. 당시 대학원생들의 목표는 교수가 되는 거였어요. 그런데 저는 교수에 뜻이 없고 실무를 하고 싶었는데, 선생님이 강의를 해보라고 하셔서 계명대를 시작으로 여러 대학에서 강의하게 된 거죠. 패턴 수업, 일러스트 수업, 복식사 수업, 졸업작품 수업, 구성 수업 등 패션디자인과 관련한 거의 과목에 걸쳐 다양한 수업을 했어요.

편 강의는 얼마나 오래 하셨어요?

곽 20년 정도 했어요. 제가 아이를 좀 늦게 낳았는데, 아이 낳으면서 대학 정규 강의는 그만두고 지금은 특강 위주로 이어가고 있어요. 저의 브랜드를 런칭한 후에도 겸임 교수로 한 학교에서 한두 과목 정도 맡았고, 쇼를 준비하면서 강의를 7개나 했던 때도 있어요. 실무와 병행하면서 강의도 계속 이어갔죠.

편 브랜드를 운영하고 쇼를 준비하면서도 강의를 놓지 않았다니 놀라운데요. 강의를 이어간 특별한 이유가 있나요?

곽 제 성격이 거절을 잘 못하고, 맡으면 끝까지 책임지는 스타일이에요. 그래서 주어진 일이니까 그냥 꾸준히 한 거예요. 처음엔 교수님들이 어느 대학에 가서 강의 좀 하라고 하면 거절하지 못하고 맡아서 다음 학기로, 다음 학기로 계속 이어졌던 거죠. 지방에 있는 대학도 많이 다녔는데, 힘들어서 '내가 이걸 왜 하고 있지? 다음 학기에는 하지 말아야지' 생각했다가도 또 해달라고 대학에서 요청하면 거절하지 못했어요. 그리고 브랜드를 막 오픈했을 시기에는 강의를 7개쯤 하고 월 400만 원 정도 수입을 얻었어요. 그때는 고정 수입이 많지 않아서 경제적으로 도움이 되었기 때문에 강의가 있는 날은 김밥 세 줄을 도시락으로 싸서 아침 수업, 점심 수업, 저녁 수업까지 하루 세 타임을 채우며 다녔어요.

해외 컨설팅은 언제 하셨나요?

편 해외 컨설팅도 하신 것으로 아는데, 언제부터 시작하신 건가요?

곽 약 10년 전, 중국의 패션 산업이 급성장하던 시기에 시작했어요. 당시 이탈리아 디자이너들과 한국 디자이너들이 중국 시장에서 컨설팅을 많이 했는데, 저도 그 흐름에 맞춰 참여하게 되었어요.

편 구체적으로 어떤 일을 하셨나요?

곽 시즌 테마를 잡고, 그에 맞는 무드보드^{Mood Board}와 콘셉트를 제안하고 그에 맞는 색상, 소재, 디스플레이 방향을 정해주고, 패션쇼 기획까지 제안해요. 또 유행하는 부자재나 원단을 직접 스크랩해서 보여주고, 필요하다면 실물을 설치해주기도 했죠.

편 컨설팅을 받으려는 기업이 많았나요?

곽 그때 당시 제가 컨설팅한 브랜드는 광저우와 항저우에 있었는데, 대리점만 3천 개가 넘는 규모였어요. 시즌마다 샘플 쇼를 하면 호텔 하나를 통째로 빌려서 대리상들이 다 모

무드보드(Mood Board)란?

　패션에서 무드보드는 디자이너가 작업의 분위기와 방향을 한눈에 보여주기 위해 만드는 아이디어 보드입니다. 보통 큰 보드나 디지털 툴에 사진, 색감, 질감, 패턴, 글귀 등을 모아 붙여서 만들어요. 예를 들어 '바닷가 여름 휴가'라는 무드를 잡는다면 바다 사진, 모래 질감, 밀짚모자 이미지, 파란색과 노란색의 색감 팔레트 등을 한 화면에 정리하는 식이죠. 이렇게 하면 보는 순간 어떤 분위기로 디자인하려는지 바로 알 수 있어요. 무드보드는 디자이너가 혼자 아이디어를 정리할 때도 유용하고, 팀이나 클라이언트와 "이번 시즌은 이런 느낌"이라고 공유할 때도 많이 쓰여요. 무드보드는 전체적인 톤을 놓치지 않고 디자인을 이어갈 수 있도록 도와주는 지도 같은 역할을 합니다.

이고, 그 자리에서 수백억 원 규모의 주문이 오갔어요. 정말 큰 규모였죠.

편 그 브랜드 내부 디자이너들 교육도 하신 건가요?

곽 제가 갔을 때 현지 디자이너만 80명 정도 있었고, 거의 아카데미처럼 운영했어요. 옷감 프린트 위치, 부자재 사용법, 소재 매칭 방법 등을 하나하나 지도했죠. 또 패턴사들이 와서 피팅하는 과정을 직접 보여주면서 이렇게 해야 더 트렌디하다고 설명해 주기도 하고요. 현지 디자이너들은 부모가 공장을 운영하는 경우가 많아서, 대부분 부모의 사업을 물려받을 2세·3세 디자이너들이었어요. 이미 해외에서 공부를 마치고 돌아온 경우가 많아 글로벌 마인드를 갖추고 있었고, 투자도 적극적이었어요. 게다가 가족이 운영하는 공장에서 세계적 명품 브랜드의 생산을 맡아본 경험도 있어서 생산 능력은 이미 충분했어요. 다만 큰 콘셉트나 방향성 설정에서 부족한 부분이 있어 제가 컨설팅으로 보완해 주었죠.

편 그 사람들에게 필요한 교육은 어떤 부분이었나요?

곽 당시에 중국 디자이너들은 시즌 테마나 스타일의 미묘한 차이를 잘 이해하지 못하는 경우가 많았어요. 예를 들어, '로맨틱'이라고 하면 '공주풍의 로맨틱', '펑키한 로맨틱' 등 세부 스타일이 있는데, 이 구분을 못 하는 경우가 많은 거예요. 또 색감 표현도 '빨간색=붉은색' 정도로만 이해하고, 우리처럼 다양한 뉘앙스를 잡아내지 못했죠. 그래서 이런 부분을 세분화해서 설명하고, 무드보드와 예시를 통해 훈련을 많이 시켰어요.

편 컨설팅은 얼마나 하셨어요?

곽 약 6년 정도 꾸준히 진행했어요. 그리 길지 않은 기간에 중국 패션업계가 급성장하는 과정을 직접 체감할 수 있었고, 저에게도 큰 배움이 되는 시간이었어요. 중국에서 컨설팅할 때는 보통 패션쇼를 열고, 그 옆에 전시장을 꾸며 샘플 옷들을 걸어둬요. 그럼 바이어들이 와서 직접 보고 그 자리에서 주문을 하는 방식이에요. 이게 일종의 수주회인데요. 당시에는 제가 직접 시즌 테마와 핏 수정, 소재 선택, 컬렉션 기획까지 다 잡아주는 교육 위주의 컨설팅이었죠.

편 지금도 그런 방식으로 컨설팅이 진행되나요?

곽 요즘은 조금 달라요. 지금은 이미 교육을 받은 디자이너들이 많아져서, 디자인 하나에 가격을 매겨 디자인과 패턴을

사 가는 방식이 많아요. 예전처럼 큰 틀에서 교육이나 방향
성을 잡아주는 경우는 줄어들었죠.

편 지금은 중국 패션 수준이 많이 달라졌나요?

곽 많이 발전했어요. 예전에는 중국 브랜드 옷을 딱 보면

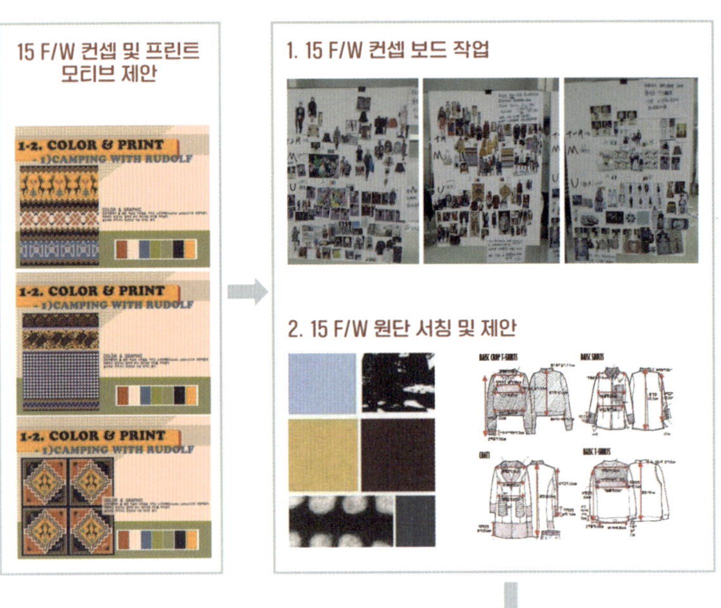

'중국스럽다'는 티가 났지만, 지금은 거의 중국산이라고 구별
할 수 없을 만큼 글로벌 수준으로 올라왔어요. 한국이 글로
벌 시장에 진출한 것처럼 중국도 이제 세계적인 수준의 디자
인을 내놓고 있습니다.

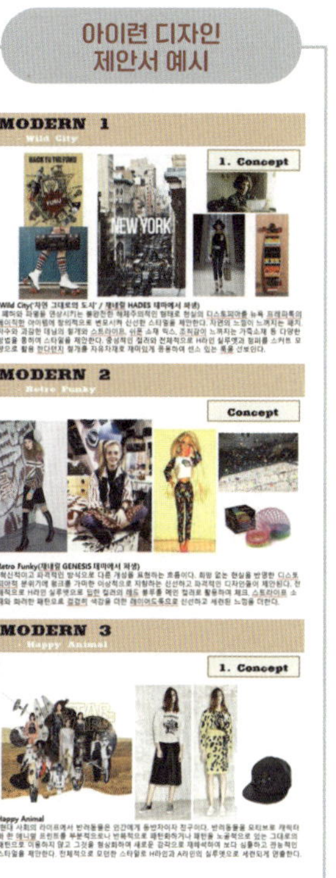

연예인 의상의 디자인은
어디에 중점을 두나요?

편 연예인 의상을 오래전부터 디자인하셨는데, 일반 고객을 위한 옷과 연예인을 위한 옷은 어떻게 다른가요?

곽 일반 고객용 옷은 판매성과 실용성이 우선이지만, 연예인 의상은 기본적으로 '보여지는 것'을 최우선으로 해요. 무대, 시상식, 화보 촬영처럼 대중의 시선이 집중되는 자리에서는 시각적 임팩트가 절대적으로 중요하죠. 따라서 의상의 실루엣, 컬러, 소재 선택 모두가 카메라와 조명, 무대 환경에서 어떻게 보일지를 기준으로 설계됩니다. 그 결과 평소에는 다소 과장되거나 비현실적으로 보일 수 있는 디자인도 연예인 의상에서는 자연스럽게 어울리는 거예요.

반면, 일반 고객용 의상은 '입는 사람의 일상'이 중심이에요. 활동성, 착용감, 세탁과 관리의 용이성 같은 실용적 요소가 훨씬 더 중요하죠. 고객은 하루 종일 입고 생활하니까 기능성과 편안함이 디자인의 기본 전제가 됩니다. 다시 말해 연예인 의상이 '극적인 장면을 위한 작품'이라면, 일반 고객용 의상은 '일상을 지탱하는 파트너'라고 생각해요.

편 구체적인 제작 과정에서도 차이가 있나요?

곽 네, 차이가 커요. 연예인 의상은 1회성 사용을 전제로 하는 경우가 많아요. 특정 무대나 행사를 위해 제작되기 때문에 오직 그 순간의 완벽한 연출에 집중해요. 소재 역시 촬영이나 무대 조명에서 가장 잘 살아나는 방향으로 선택하지, 내구성을 우선 고려하지는 않아요. 그래서 극도로 섬세한 장식이나 특수한 패브릭이 사용되기도 합니다.

반대로 일반 고객용 의상은 반복 착용과 세탁을 견뎌야 하기에 내구성이 중요해요. 공정 과정에서도 대량 생산 체계에 맞추어 원단 효율, 생산 단가, 사이즈 표준화 등을 핵심적으로 고려하죠. 디자인 과정에서부터 얼마나 많은 고객이 불편 없이 입을 수 있는가가 전제로 작용해요.

편 최근에 연예인 의상이 더욱 독특해진 것 같은데, 이유가 있나요?

곽 예전에는 아이돌들이 동대문 시장에서 옷을 사 입는 경우가 많았어요. 하지만 지금은 거의 모두 커스텀 제작을 해요. 기획사들도 예전에는 의상비를 절약했지만, 이제는 의상에 투자를 많이 하죠. 또 글로벌 무대에 서다 보니, 체형에 맞게 수선하고, 전용 의상을 제작하는 게 필수가 되었죠. 제가 예전에 슈퍼주니어 의상을 제작했었어요. 멤버가 10명인데, 쓰리피스를 맞추면 30벌이 돼요. 그런데 방송이 일주일에 4개씩 있으면, 120벌이 필요하죠. 이런 프로젝트는 혼자 감당할 수 없어서 전담팀을 꾸려 진행했어요. 그 기간에는 다른 일을 아예 할 수 없을 정도로 바빴답니다.

편 스타들의 무대 의상을 만들 때는 독특하면서도 그 사람의 이미지와 맞아야 하는데, 어렵지 않으신가요?

곽 쉽지 않은 작업이에요. 무대의상은 단순한 옷이 아니라 퍼포먼스를 완성하는 예술복이라고 할 수 있어요. 가수 바다가 〈불후의 명곡〉 무대에 설 때 의상을 거의 다 제가 제작했어요. 바다는 이 곡은 이런 분위기고, 이런 퍼포먼스를 하고 싶다고 무대 환경과 부를 노래의 분위기를 설명하는데요. 어느 날은 "목소리는 창호지를 뚫고 나가듯 울리지만, 안에서는 회오리처럼 떨린다"고 말하더라고요. 저는 이런 설명을 머릿속에 담아둔 뒤, 그 무드를 표현할 수 있는 디자인 시안을 찾아 바다의 체형과 동작에 맞춰 구체적인 의상을 제작했죠. 또 한번은 바다가 무대에서 치마를 찢으면 반바지가 드러나는 퍼포먼스를 한다는 거예요. 그러려면 치마를 1초 만에 벗겨질 수 있도록 제작해야 해요. 그래서 벨크로 두께, 떼는 속도, 동작의 안정성까지 다 계산해서 만들었어요. 조금만 어긋나도 완벽한 퍼포먼스가 되지 못하니까 정말 신경을 많이 써서 제작했었죠.

편 연예인 의상을 디자인하면 좋은 점은 무엇인가요?

곽 가장 큰 장점은 노출 효과예요. 연예인은 대중의 시선을 끄는 존재라 의상을 입고 무대나 방송, 시상식에 서면 수많은 사람들에게 자연스럽게 브랜드가 알려집니다. 사실 패션쇼보다 더 큰 홍보 효과를 얻을 때도 많아요. 또 연예인은 자신만의 개성과 캐릭터가 뚜렷해서 디자이너로서는 창의적인 아이디어를 실험해 볼 수 있는 좋은 무대가 되기도 합니다. 평소라면 과감해서 시도하지 못할 아이디어를 마음껏 펼칠 수 있고, 무대용 의상 같은 경우는 일상복과 달리 과감한 색채나 독특한 실루엣을 시도할 수 있죠. 이는 디자이너에게 큰 도전이자 성취감을 주는 부분이에요.

편 반대로 단점이나 어려움도 있나요?

곽 어려운 점이 꽤 있어요. 첫째는 시간 압박이에요. 연예인의 스케줄은 촉박하게 돌아가기 때문에 보통 일반 고객이나 브랜드 컬렉션보다 훨씬 짧은 시간 안에 디자인과 제작을 끝내야 할 때가 많아요. 둘째는 의상에 대한 평가가 과도하게 공개적이라는 점이에요. 항상 언론과 대중의 주목을 받는 연예인이 무대나 시상식에 섰을 때 옷이 조금만 어색해도 실패작이라는 낙인이 찍힐 수 있어요. 디자이너로서는 큰 부담이죠. 마지막으로, 연예인의 체형이나 콘셉트가 제한적일 경우 원하는 디자인을 온전히 구현하기 어렵다는 한계도 있어요.

편 연예인 의상을 제작하면 경제적인 이득도 있나요?

곽 솔직히 말하면, 큰 금전적 이득은 없어요. 무대 의상은 일반인들이 입기 어렵기 때문에 판매로 이어지지 않거든요. 결국 브랜드 이미지와 화제성을 얻는 것이 가장 큰 효과입니다. 연예인 의상을 만드는 것보다 패션쇼가 더 쉽다고 느껴질 때도 있어요. 쇼는 짧은 시간에 보여주고 끝나지만, 연예인 스타일링은 일정 기간 꾸준히 옷을 공급하고 조율해야 하거든요.

편 장점도 있는 반면에 위험 요소도 있는 일인데, 어떤 마음으로 연예인의 의상을 제작하시나요?

곽 저는 연예인 의상 디자인을 '리스크가 큰 대신 보상도 큰 무대'라고 생각해요. 노출과 브랜드 홍보라는 기회가 큰 대신, 실패했을 때의 파급력도 만만치 않거든요. 그래서 철저한 준비와 빠른 대응 능력이 필요합니다. 동시에, 연예인과의 협업은 디자이너에게 새로운 창작적 영감을 주는 경험이 되기도 하죠. 결국 디자이너가 얼마나 유연하고 전문적으로 대응하느냐에 따라, 이 경험이 큰 도약의 발판이 될 수도 있다고 봅니다.

김연아 선수의 의상에 담긴
의미는 무엇이었나요?

편 김연아 선수의 의상으로 주목을 받으셨는데요. 김 선수의 의상에는 어떤 의미를 담았나요?

곽 2010년 밴쿠버 동계올림픽에서 김연아 선수가 금메달을 땄을 때, TV를 보면서 너무 감동적이어서 저도 모르게 눈물이 흘렀어요. 그때 이후로 김연아 선수와 꼭 작업해 보고 싶었는데, 놀랍게도 한 달 뒤 바로 협업 기회가 주어져서 갈라쇼 의상을 제작하게 되었어요. 처음엔 런웨이와는 사뭇 다른 스포츠 의상이 너무 어렵더라고요. 피겨 스케이트 의상은 무엇보다 신축성이 뛰어나야 해요. 어떤 외국인 선수가 협찬사에서 준비한 의상을 입고는 점프를 하지 못하자 결국 본인의 옷을 입었다는 이야기를 듣고 고민했죠. 게다가 김연아 선수는 갈라쇼 내내 의상을 몇 번씩 갈아입어야 했는데, 시간 낭비 없이 한 번에 벗을 수 있어야 하는 과제도 있었어요. 그래서 레깅스를 입혔죠. 한 가지 더, 김연아 선수만의 사랑스러운 매력과 강한 메시지를 담을 수 있는 의상이 뭐가 있을까도 고민거리였어요. 쇼의 안무와 음악, 김연아 선수의 매력이 어우러질 수 있도록 펑키하면서 시크한 느낌을 주면서도 소녀답고 어린 느낌의 반전 매력을 보여주고 싶었어요. 그런 고민 끝에 탄생한 게 '펑키엔 블링' 콘셉트의 핑크 재킷과 '모던앤 시크' 콘셉트의 반짝이는 블랙 재킷이 완성되었어요.

유니폼 디자인할 때
포인트는 무엇인가요?

편 유니폼을 제작한 경험도 있으신데, 어느 회사의 유니폼이었나요?

곽 실크로드 경주 2015와 같은 행사에 필요한 유니폼과 코레일 같은 기업의 유니폼을 제작했어요. 유니폼 디자인은 단순히 예쁘거나 세련되게 만드는 옷이 아니에요. 행사의 목적에 맞아야 하고, 기업이 추구하는 가치와 철학이 디자인에 녹아들어야 하죠. 실크로드 경주 2015 도우미 유니폼의 경우 기본적으로 단아하고 깨끗한 디자인에 중점을 두고, 전통 오방색에 선의 아름다움을 살려 깔끔하게 디자인했어요. 실크로드 경주 행사는 엠블럼 문양의 스카프로 포인트를 살렸죠.

편 유니폼을 제작할 때는 살펴봐야 할 점이 꽤 많군요.
곽 그렇죠. 코레일의 주요 기차 승무원 유니폼 제작도 제가 했는데, 그 프로젝트에는 단순히 승무원만이 아니라 철도청의 다양한 직원들이 입는 옷까지 포함되어서 규모가 꽤 컸어요. 코레일은 국가대표 철도 기업이잖아요. 그래서 공공성, 신뢰성, 전문성이라는 이미지를 해치지 않으면서도 세련된 디자인을 구현하는 게 중요했어요. 지나치게 화려하지 않으면서도 현대적이고 깔끔한 인상을 주어야 하고, 전국적으로 쓰이는 만큼 실제 착용자들의 편의와 선호, 문화적 맥락까지 고려해야 하죠. 디자이너 입장에서는 예술성과 실용성, 그리고 사용자들의 요구 사이에서 균형을 잡는 게 가장 큰 과제였어요.

편 이런 요소를 어떻게 옷으로 표현하나요?

곽 유니폼의 색상은 철도청의 메인 컬러를, 절개선에는 철도의 속도감을 표현하는 식으로 반영했죠. 코레일 로고와 색상 배색은 브랜드 아이덴티티를 담는 핵심 포인트라 중요한 요소이고, 버튼이나 지퍼의 위치, 주머니의 수와 활용성 같은 부분도 코레일의 정체성을 드러내면서도 실용적으로 만들어야 해요. 실제 유니폼을 착용하는 사용자의 불편함이 없도록 제작하는 게 중요했어요. 승무원분들은 열차 안에서 서 있고, 걸어 다니고, 때로는 앉아 있어야 해서 활동성을 해치지 않는 패턴 설계가 필요했어요. 특히 어깨나 팔, 허리 라인에서 움직임이 편하도록 디자인을 조율했죠. 유니폼은 계절별 착용이 달라 동복, 하복, 간절기 복장까지 필요해서 계절마다 최적의 착용감을 줄 수 있도록 소재와 두께, 디테일을 구분했어요. 또 직원들이 직접 구매해야 하는 만큼 가격이 합리적이어야 했고, 세탁 후에도 변형이 없어야 했죠. 코레일 직원들은 다양한 체형을 가지고 있기 때문에, 누구나 입을 수 있도록 핏과 사이즈도 조율해야 했고요.

편 코레일은 일반 열차 외에도 테마별로 운영하는 열차도 있던데, 테마에 따라 유니폼도 다른가요?

곽 열차 여행을 해본 사람이라면 눈치채셨을 거예요. 코레일은 열차 등급마다, 테마마다 승무원의 유니폼이 달라요. 그것도 제가 했는데, 열차의 콘셉트에 따라 색과 디자인을 달리했죠. 특히 고급 열차의 경우는 단순한 근무복의 개념을 넘어 승객 서비스와도 연결돼요. 어르신들이 즐기는 효도 관광 열차의 경우는 승무원이 노래와 서비스까지 함께 제공하기 때문에 기능성·편안함·이미지를 모두 고려한 디자인이 필요했어요.

편 유니폼 말고도 골프복 같은 스포츠웨어도 디자인하시나요?

곽 다양한 분야에 도전하는 편이에요. 예전에 골프복을 디

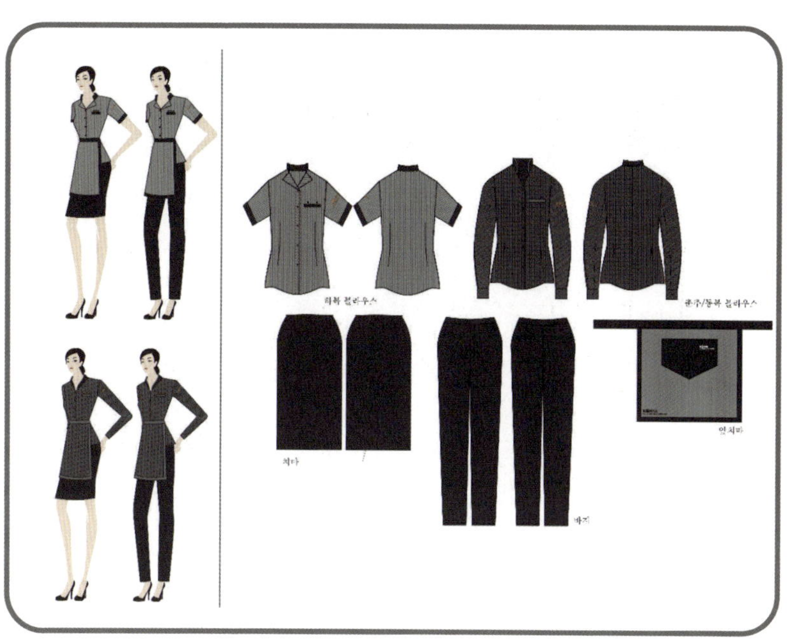

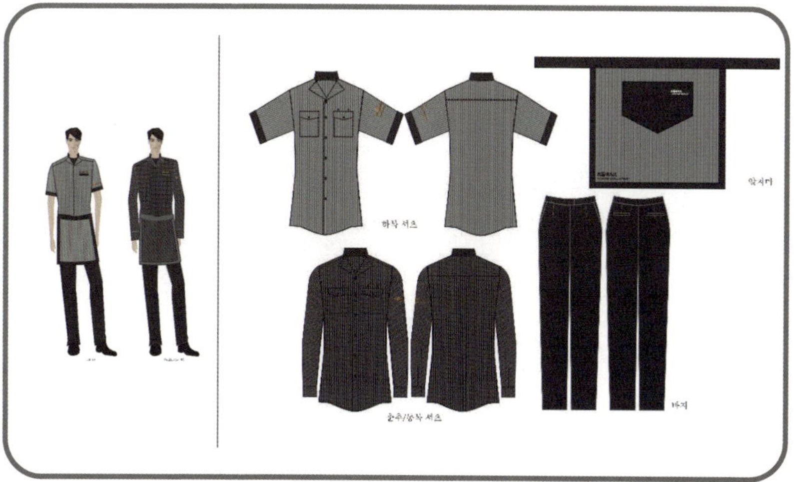

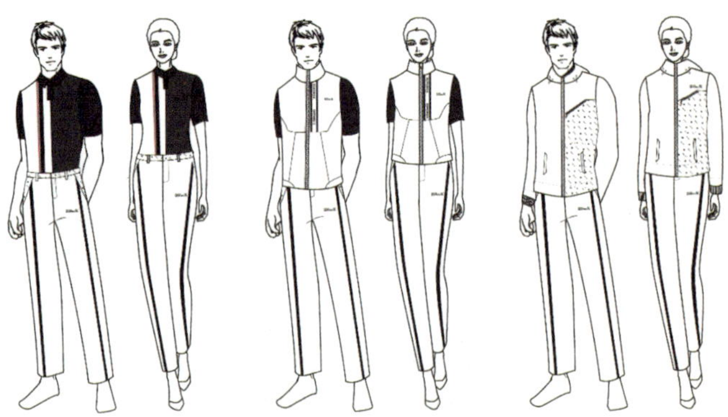

<h2 style="text-align:center">작업지시서</h2>

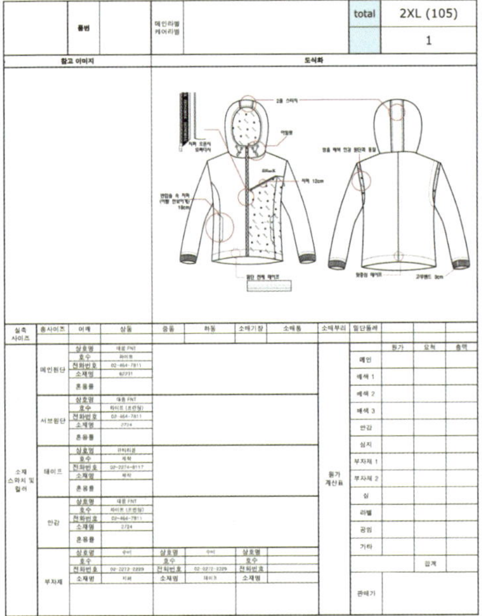

	품번		메인라벨 케어라벨		total	2XL (105)
						1

참고 이미지	도식화

실측 사이즈	총사이즈	어깨	상동	중동	하동	소매기장	소매통	소매부리	밑단둘레			
										원가	요척	총액

소재 스와치 및 컬러

메인원단	상호명	대륜 FNT
	호수	파이론
	전화번호	02-464-7811
	소재명	62731
	혼용률	

서브원단	상호명	대륜 FNT
	호수	파이프 (프린팅)
	전화번호	02-464-7811
	소재명	2734
	혼용률	

테이프	상호명	규비라켄
	호수	제작
	전화번호	02-2274-8117
	소재명	제작
	혼용률	

안감	상호명	대륜 FNT
	호수	파이론 (프린팅)
	전화번호	02-464-7811
	소재명	2734
	혼용률	

부자재	상호명	주머	상호명	주머	상호명	
	호수		호수		호수	
	전화번호	02-2213-0209	전화번호	02-2213-0209	전화번호	
	소재명	지퍼	소재명	테이프	소재명	

원가계산표

	원가	요척	총액
메인			
배색 1			
배색 2			
배색 3			
안감			
심지			
부자재 1			
부자재 2			
심			
라벨			
공임			
기타			
	합계		
판매가			

자인한 적이 있어요. 골프복은 기능성과 활동성을 중시해야 해서 일반 패션과는 다른 접근이 필요해서 새로웠어요. 또, 대학교 시절 교수님과 함께 교복 프로젝트를 진행한 적이 있어요. 교복은 학생들의 편안함과 단정함을 동시에 고려하는 것이 중요하더군요. 최근에는 학위복 디자인도 해 봤어요. 요즘 대학가에는 학위복 디자인을 새롭게 바꾸는 것이 트렌드예요. 졸업식에서 사진 촬영을 많이 하기 때문에, 학생들이 예쁘고 세련된 디자인의 가운을 선호하더라고요. 실제로 이화여대 학위복 디자인이 바뀐 이후, 다른 대학들도 하나둘씩 새롭게 바꾸고 있어요. 학위복을 디자인하면서 해외와 국내 사례를 다 연구했는데, 박사 학위복의 띠만 해도 전공이나 학교별로 다 달랐어요. 이런 디테일까지 고려해서 디자인을 진행했죠.

곽현주의
디자인 &
쇼 프로세스

벨벳 토끼의 꿈
The Dream of Velveteen Rabbit

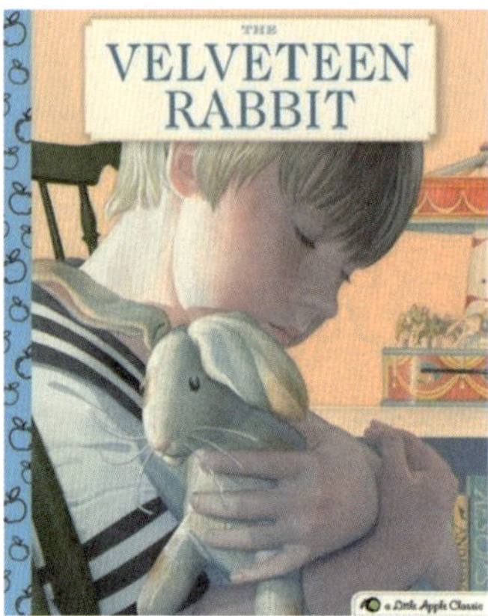

THE VELVETEEN RABBIT

1920년 영국 고전 동화로 마저리 윌리엄즈가 쓴 크라스마스 아침에 한 아이가 선물로 받은 벨벳 토끼 인형의 이야기

벨벳 토끼의 꿈

벨벳 토끼 인형과 아이는 좋은 친구다. 태엽 달린 장난감도, 멋진 병정도... 함께하는 순간보다 좋을 순 없다. 무한한 사랑과 행복한 시간이 지나갈수록, 벨벳으로 된 몸은 낡고 해져간다. 진짜 토끼가 되고 싶은 그의 꿈만은 이미 그 어떤 감정보다도 진짜다.

요정의 마법은 마침내 벨벳 토끼를 살아있는 토끼로 바꾸어 놓는다. 토끼의 행복을 빌어주는 동화 속 요정처럼, 걸리쉬 하면서도 따뜻한 캐주얼 요소와 테일러링 요소는 현실 속 마법 한 줄기를 불어넣는다. 트렌디한 무드는 따뜻한 감성의 토끼 프린팅과 데님업 사이클링, 토끼 모자와 어우러지며 사랑스러우면서도 엣지있는 룩을 연출한다.

주제를 표현하기 위한
프린트 문양

꽃과 나비를 이용하여 만든 플로럴 스카프 패턴에
토끼 인형을 더해 동화적인 느낌 연출

패션으로 개성과 자신감을 표현하는
패션 디자이너

프린트한 옷감으로
표현한 주제

패션으로 개성과 자신감을 표현하는
패션 디자이너

소재를 활용한
주제의 표현

패션으로 개성과 자신감을 표현하는
패션 디자이너

주제의 표현을 도울
디테일

부분스트링

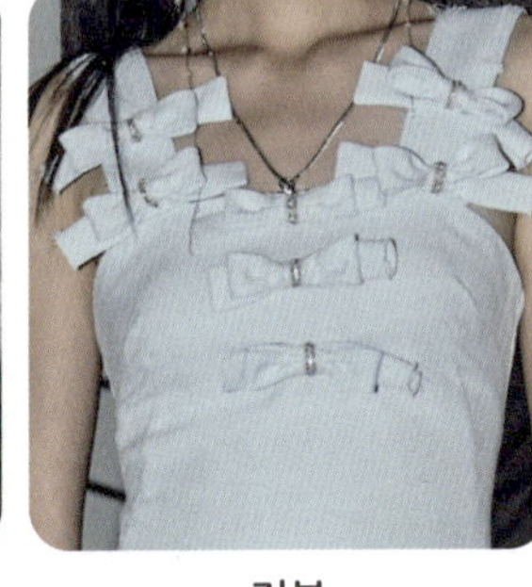

리본

데미지

셔링

보석체인

스트링워머

고리장식

바인딩

데님패치워크

소매절개

패션으로 개성과 자신감을 표현하는
패션 디자이너

무대 공간을 활용한
쇼 연출

패션으로 개성과 자신감을 표현하는
패션 디자이너

나도
패션디자이너

1단계

AI를 활용한 지속 가능한 패션 디자인에 대해 소재를 리서치한 후, 콘셉트와 무드보드를 제작하고 일러스트 및 도식화로 디자인해 보세요.

2단계

케이팝 스타를 한 명 정해서 공연 의상을 스케치, 이미지맵, 소재맵, 드로잉, 도식화, 일러스트로 표현해 보세요.

3단계

좋아하는 테마를 정한 후 일러스트로 패턴을 살려 디자인하고, 거기에 맞는 소재로 콜라주해 보세요. 그림으로 표현하기보다 패브릭 스와치(fabric swatch)—실제 원단 조각—를 붙여서 질감과 컬러, 패턴까지 만들어 보세요.

1) 디자인을 그린다.
2) 디자인을 패턴화한다.
3) 원단을 붙여 콜라주하여 완성한다.

가장 좋아하는 디자이너의 한 시즌 컬렉션을 고찰한
후, 그 디자이너와 협업한다는 생각으로 디자인하고 어
떤 점이 다른지, 어떤 점을 유지했는지 발표해 보세요.

자신이 좋아하는 브랜드(예: 선글라스, 가방)와 시즌 테마
를 정한 후, 콜라보한다는 생각으로 실루엣·소재·컬러·
디테일 이미지맵을 만든 뒤 아이템 10개를 디자인해 보
세요.

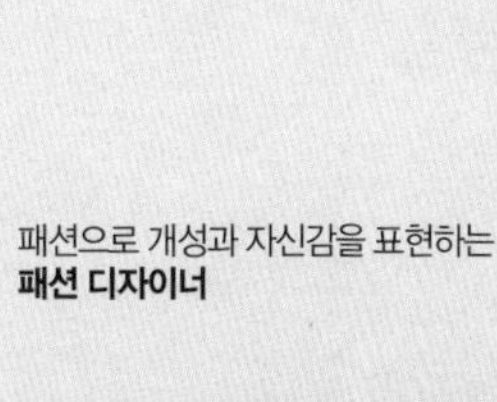

패션으로 개성과 자신감을 표현하는
패션 디자이너

SHION DESIGNER

패션디자이너
곽현주 스토리

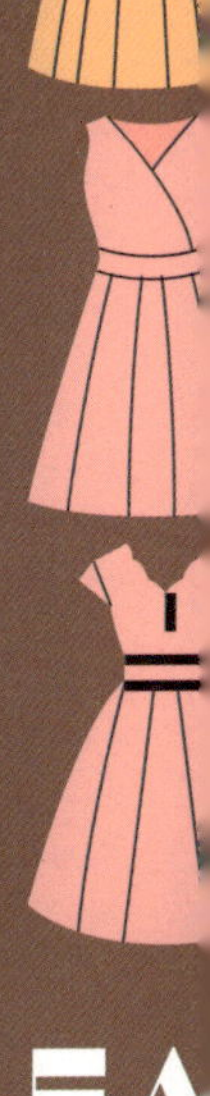

편 대표님의 개인적인 이야기를 들어보는 시간이에요. 먼저 어린 시절엔 어떤 아이였는지 궁금해요.

곽 5살 때인 것 같은데, 만화방에 가서 만화를 참 많이 봤던 기억이 있어요. 글을 알기 전이라 그림만 보면서도 만화를 참 재미있게 봤어요. 100원 내면 두 권인가 세 권 정도를 볼 수 있었는데, 만화방 아저씨가 저한테는 더 많이 봐도 된다고 하셨어요. 그래서 실컷 만화 보고, 또 따라 그리기도 했죠. 제가 어릴 때는 종이에 사람 인형을 그려서 오린 다음, 그 인형에 갖가지 종이옷을 만들어 입히며 놀았어요. 어려서부터 그림 보는 것도 좋아하고, 그리는 것을 좋아해서 그랬던 것 같아요.

편 패션엔 언제부터 관심이 있었나요?

곽 어릴 때 바비 인형을 좋아했어요. 집안에 친한 언니가 양장점에 다녔는데, 그 언니에게 바비 인형 옷을 만들어달라고 했죠. 언니가 천을 원형으로 오리더니 천의 가운데를 들어 작은 원 모양으로 구멍을 내서 보여주는데, 아까까지만 해도 자투리 천이었던 것이 차라락 흘러내려서 360도 원형의 플레어 드레스가 되는 거예요. 7살 아이 눈에는 그게 마술처럼 신기해 보였나 봐요. 그래서 저도 모르게 뭔가에 홀린 것처럼 '나도 옷 만드는 사람이 되어야겠다'라는 생각을 했어요. 아직 어려서 디자이너가 뭔지도 몰랐고, 단순하게 옷을 만들고 싶다는 마음이 컸어요.

 옷 입는 것에 관심도 많았을 것 같은데요.

 관심이 많았죠. 초등학교 때부터 청바지를 다려입었는데, 친구들 얘기를 들어보면 바지에 날을 세워 다려입는 아이는 저밖에 없다고 하더라고요. (웃음) 옷에 관심이 많아서 시장에서 원단을 끊어다 제가 대충 꿰매서 만들어 입었어요. 그때는 패턴도 모르고 아무것도 모르면서 블라우스도 만들어 입었어요. 입고 다니다 찢어지면 그냥 그런가 보다 하고 신경도 안 썼고, 화려하게 입는 것도 좋아했어요. 제가 어릴 때는 일본 문화가 들어와 청소년과 젊은이들 사이에 유행했어요. 패션에서는 〈논노〉라는 일본 잡지가 유명했는데, 거기서 본 패션을 따라 하는 사람도 많았고, 약간 응용한 스타일링으로 꾸민 사람도 많았죠. 저도 그중 하나였고요. 또 뜨개질도 좋아했어요. 바느질해서 옷 만들고 뜨개질하는 게 다 재미있었어요. 남들은 힘들다고 싫어하는데 저는 그게 정말 재미있었어요.

[편] 학교생활은 어떠셨어요?

[곽] 공부도 잘했어요. 반장이나 부반장을 맡을 정도로 성적이 항상 좋았습니다. 당시 저는 마지막 학력고사 세대였는데, 학력고사에서 좋은 성적을 거두었어요. 저는 미대를 갔지만, 그 점수면 같은 학교 인문, 자연 계열의 학과도 갈 수 있었고, 원하는 대학은 어디든 갈 수 있었어요. 저는 워낙 그림을 좋아했고 패션디자이너가 되는 게 꿈이었기 때문에 이화여대 장식미술과를 선택했습니다.

[편] 패션디자인을 공부하기 위해 장식미술과에 진학하신 거죠?

[곽] 장식미술과라고 하면 요즘 젊은이들은 '그런 과가 있었어?' 하고 의아해할 거예요. 제가 대학에 진학할 때만 해도 의상학과가 단독으로 있는 대학은 드물었어요. 서울대, 연세대 등 몇 개 대학에 의상학과가 있었는데 대부분 미술 실기를 보지 않고 학력고사 점수만으로 입시를 했어요. 그런데 저는 고등학교 2학년 말부터 입시미술을 시작했고, 그림 그리는 것을 워낙 좋아해서 미술 실기시험이 있는 이화여대에 지원했죠. 대학에 입학할 때만 해도 우리 학과가 유명한 줄 몰랐어요. 신입생 28명 중 25명이 선화예중·예고, 서울예중·

예고 출신이었고, 저처럼 인문계 출신은 두세 명도 안 되더라고요. 그래서 깜짝 놀랐고, 그 친구들이 실기를 너무 잘해서 또 놀랐었죠. 특히 컬러 감각이 정말 뛰어났어요. 저는 입시 미술학원에서 무슨 무슨 색깔을 섞으면 무슨 색이 나온다는 식으로 암기했는데, 그 아이들은 제가 보지 못한 세련된 컬러를 자유롭게 다뤘어요.

편 대학에 입학했을 때는 충격이 좀 있으셨겠어요.

곽 처음에는 정말 열심히 해야겠다는 생각을 많이 했어요. 그런데 오히려 예중·예고 출신 친구들은 어릴 때부터 미술 공부를 너무 많이 했는지 지쳐서 학과 수업에 집중하지 않더라고요. 반면 저는 짧은 시간 입시미술만 하다가 입학해서 간절함이 있어서 무척 열심히 했어요. 덕분에 눈에 띄는 학생이었죠.

편 어떤 점에서 그렇게 눈에 띄셨나요?

곽 다른 친구들이 과제를 안 하거나 못했을 때, 저는 혼자 숙제를 꺼내서 교수님께 검토받고 다음 단계는 뭔지 물어보고는 했어요. 친구들 눈에는 좀 이상하게 보였을 거예요. 하루는 제가 해 간 숙제를 보고 교수님이 사진 촬영을 하러 같이 가자고 하셨어요. 강의실이 있는 곳은 꼭대기 층이라 계단을 많이 내려와야 했는데, 계단을 내려오면서 교수님이 저한테 "현주는 뭐가 돼도 될 거야"라고 말씀해 주셨던 게 아직도 생생하게 기억나요. 그때 선생님 눈에 띄었던 거죠. 당시 저는 선생님 그림자도 밟지 않는 스타일이었고, 선생님 말씀을 절대적으로 믿는 학생이었던지라 그 말이 큰 힘이 되었고 더 열심히 해야겠다고 속으로 다짐했죠.

편 그 시절의 모습이 참 인상 깊네요. 성격은 어떠셨나요?

곽 사실 굉장히 소심했어요. 은행에 가는 것도 쑥스럽고, 낯가림이 심해서 대화하는 게 힘들었죠. 맥도날드에서 주문할 때도 "1번 세트요"라고 짧게 말할 정도였어요. 그런데 또 반대로 외모로는 별의별 시도를 다 해봤어요. 녹색 머리, 용무늬 잠바, 노란색 부스띠에, 큰 타우보이 모자까지 다 시도했죠. 내성적이면서도, 옷으로 갈증을 해소했던 것 같아요. 그래서 '왜 이렇게 날라리 같아 보이는데 공부는 또 착실하지?'라는 이야기를 많이 들었죠.

편 대학원 진학을 결심한 이유는 뭔가요?

곽 대학교 4학년 때 LG 티피코시라는 브랜드에서 인턴을 했어요. 그런데 막상 가보니 기업들이 원하는 인재상은 평범한 외모와 무난한 성격, 약간 공무원 같은 안정적인 이미지였어요. 제 스타일은 너무 튀어서 잘 맞지 않았던 거죠. 그 당시 브랜드 회사들은 대부분 그런 분위기였어요. 그래서 저는 '공부가 아직 부족하구나, 대학원으로 가야겠다'라고 결심하고 대학원에 진학하게 되었습니다. 그런데 막상 가보니 대학원은 영어 논문 해독 같은 이론 수업에 중점을 두었고, 실기 수업은 거의 없더라고요. 당시에는 대학원에 진학하는 게 교수나 연구자가 되는 길을 선택하는 것이라는 걸 대학원에 진학한 후 알게 되었어요. 하지만 저는 교수가 되고 싶은 마음은 없었고 현장에서 일하고 싶은 욕구가 컸어요. 그래서 공부하는 중에도 취업해야겠다고 마음을 굳혔죠.

편 대학원에 다니면서 취업하신 건가요?.

곽 네. 교수님의 소개로 들어간 도나 케이라는 회사에서 직장생활을 꽤 오래 했어요. 대학원은 주 2회 수업만 나가고 나머지 시간은 일하는 식이었죠. 그러다 대학원 졸업작품을 준비할 때 지도 교수님이 "쇼를 해보면 어떻겠니?"라고 권유하셔서 신인 디자이너 컬렉션에 참여하게 되었어요. 요즘의 제너레이션 넥스트처럼 신인을 발굴하는 무대였죠.

편 그 무대에서 데뷔하신 거네요?

곽 네. 신인 쇼를 하고 나면 서울컬렉션에서 '투 쇼two show' 형식으로 먼저 선보이고, 이후 단독 쇼 기회가 주어졌어요. 그렇게 투 쇼, 원 쇼를 거쳐 데뷔했고, 2003년에 곽현주컬렉션 브랜드를 열며 가로수길에 매장을 내게 됐습니다.

편 데뷔하고 바로 매장을 내셨네요. 소비자의 반응은 어땠나요?

곽 제 논문 주제가 밀리터리였는데, 당시 밀리터리 무드가 주기적으로 트렌드로 떠오르는 아이템이었어요. 쇼에 선보인 옷들을 중심으로 매장을 냈는데, 오픈하자마자 판매가 되고 연예인 스타일리스트들이 옷을 빌려가기 시작했죠. 그때 드라마 〈봄날〉에서 조인성 씨가 입은 화려한 코트, 〈미남이시네요〉에서 장근석 씨의 의상이 제 옷이었어요.

편 남성복에서 특히 주목을 받으셨던 건가요?

곽 의도한 건 아닌데 그렇게 되었어요. (웃음) 그 당시 남성복 시장은 굉장히 보수적이었어요. 회색, 네이비색 정장에 투 버튼, 쓰리 버튼 정도가 전부였고, 원 버튼조차 잘 안 입을 때였죠. 주말에만 넥타이 안 매는 정도의 캐주얼이 전부였는데,

저는 화려한 셔츠와 독특한 아이템을 선보였으니 새로워 보였던 거죠. 그래서 홍보도 자연스럽게 남성복 쪽이 훨씬 더 많이 되었고, 심지어 저를 남성복 디자이너로 오해하는 분들도 많았어요. 여성복과 남성복을 함께 시작했는데도요. 제가 대학 다닐 때는 남성복과 여성복을 함께 배웠어요. 졸업작품도 두 분야를 함께 했고요. 제가 봤을 때 '남자들이 이런 옷을 입으면 멋있겠다'라는 생각으로 디자인했는데, 그 옷들이 여성들이 입어도 예쁘더라고요. 실제로 장근석 씨가 드라마에서 입었던 옷도 여자분들이 많이 사 갔죠. 사이즈가 66 정도라 여성들이 입기에도 적당했거든요. 사실상 유니섹스에 가까운 디자인이었어요.

 지금은 유니섹스가 흔하지만, 당시에는 낯설었을 것 같아요.

 그랬죠. 그때는 단추 여밈 방향만 달라도 성별이 구별된다면서 사람들이 잘 안 입으려고 했어요. 남자들이 워낙 보수적이었으니까요. 그렇지만 연예인들은 이런 스타일을 무척 좋아했어요. 그 시절에는 전체적으로 화려한 걸 좋아하는 분위기였던 것 같아요. 저도 아나운서 정장 같은 스타일을 즐겨 입고 다녔는데요. 투피스 재킷에 타이트 스커트를 입고,

쪽머리를 하고 페레가모를 신으면 청담동 며느리 같다는 말을 듣곤 했죠. 지금은 완전히 캐주얼하게 바뀌었지만, 당시에는 화려하고 단정한 옷차림이 주류였어요.

편 독립하기까지 직장생활은 몇 년 정도 하신 건가요?

곽 한 7년 정도 했던 것 같아요. 사실 직장생활을 오래 할 생각은 없었는데 독립할 준비를 하다 보니 조금 오래 있었네요. 회사에 다니면서 디자인, 패턴, 가공 같은 과정을 직접 보고 배우면서 실무적인 부분을 익히며 다양한 경험을 쌓았어요. 그때는 인터넷 쇼핑몰도 없고, 옷을 사려면 무조건 백화점이나 몇 안 되는 로드숍에 가야 했어요. 신인 디자이너 자체도 지금처럼 많지 않았고요. 저는 93학번인데, 97년에 IMF가 터지면서 유학파들도 많이 돌아오고 시장이 위축되었어요. 당시에는 패션 산업 자체가 지금처럼 발달하지 못했던 시절이었죠. 외국인들이 한국에 오면 한국 사람들은 모두 블랙만 입는다고들 했어요. 그런데 제 옷을 보면 "이탈리아에서 공부했니?"라고 물어보는 사람들이 많았어요. 제가 화려한 색을 많이 사용했거든요. 한국에서는 색채가 풍부한 디자인이 드물었고, 그런 점에서 '특이하다'는 평가를 많이 받았죠. 지금은 조금 달라졌지만 당시에는 더 화려하고 원색적인 색을 많이 썼어요. 오히려 그런 면에서 제 디자인이 1990년대 후반과 2000년대 초반의 분위기와도 잘 맞아떨어졌던 것 같아요.

편 회사에 다닐 때는 대표님의 톡톡 튀는 아이디어를 펼치기 어려웠을 것 같은데, 어땠나요?

곽 처음에는 선배들이 텃세를 부리는 뜻에서 일부러 실 정리 같은 귀찮은 일을 맡겼어요. 그런데 저는 오히려 그걸 재미있게 했죠. 먼저 쓸 색은 가까이에, 나중에 쓸 색은 멀리에 배치하고, 색실은 채도에 맞게 옅은 색, 중간색, 진한 색 순으로 맞췄더니 그라데이션으로 깔끔하게 정리되더라고요. 그걸 본 선배들이 "석사까지 한 애가 저런 걸 저렇게 꼼꼼하게 하네?"라며 의외라는 반응을 보였죠. 또 판매지원을 나갔을 때 매장 마스터 언니가 어떤 옷을 보고 "이런 스타일의 옷만 있으면 잘 팔 텐데 왜 판매 상품에 안 넣어 주냐"고 했어요. 다른 직원들은 찾기 귀찮아서 그런 옷 없다고 했는데, 저는 그런 스타일이 있을 것 같아 창고로 달려가 샅샅이 찾아서 찾아냈고, 영업부 대리님께 확인받은 후 영등포 백화점까지 옷을 가져갔어요. 그날 준비한 옷이 다 팔리니까 매장 마스터 언니가 "너 같은 사람은 본 적이 없다"라며 칭찬하더군요.

편 남들이 귀찮아하는 일, 사소하다고 여기는 일도 마다하지 않고 찾아서 하는 타입이신 것 같아요. 스스로를 어떻게 평가하시나요?

곽 저는 약간 이과적이면서도 감성적인 양면적인 성격을 가지고 있어요. 감수성이 풍부할 때는 함께 울기도 하고, 공감 능력이 크지만, 또 이성적일 때는 매우 냉정하고 분석적입니다. 꾸준히 집중하는 것도 좋아하고요. 또 작은 일이라도 허투루 넘기지 않고 꼼꼼히 처리하는 성격이 있습니다.

편 이런 성격이 디자이너 일에 도움이 되나요?

곽 물론이에요. 감성적인 면이 발달하면 디자인은 잘할 수 있지만 경영은 어려워요. 반대로 너무 이성적이면 창의적인 디자인이 힘들겠죠. 저는 두 가지가 균형을 이루고 있어서 디자인과 경영을 모두 할 수 있었고, 그래서 이 일이 제 천직이라고 생각해요.

편 앞으로 꼭 해보고 싶은 일이 있으신가요?

곽 패션 쪽에서는 아직 하고 싶은 게 많아요. 예를 들어 가방 디자인 같은 새로운 분야에도 도전해 보고 싶어요. 하지만 그보다 더 크게 마음을 쓰는 건 아이들과 관련된 일입니다. 제가 아이를 낳기 전에는 몰랐는데, 키우다 보니 어린이와 관련된 범죄나 안타까운 사건들이 너무 가슴 아프게 다가오더라고요. 최근에도 부모가 새벽에 일 나간 사이 화재로 아이가 희생되는 사건을 보면서 정말 가슴이 미어졌어요. BTS가 소아암 관련해서 수십억을 기부했던 것처럼 많이는 못하겠지만, 제가 돈을 벌면 아이들을 돕는 기부나 사회 공헌 활동을 하고 싶어요. 물론 제 힘만으로 큰 변화를 만들 수는 없겠지만, 작은 보탬이라도 되고 싶은 바람이 있어요. 그 밖에도 기회가 된다면 아이들과 관련된 일을 하면서 미래 세대를 위해 도움이 되는 역할을 하고 싶습니다.

편 대담하고 감각적으로 빛나는 패션, 강렬한 카리스마를 발산하는 패션으로 사람들의 시선을 사로잡는 곽현주 패션 디자이너와 함께 한 시간이었습니다. 바쁘신 가운데 진로를 고민하는 청소년을 위해 기꺼이 많은 시간을 내주셔서 감사합니다. 대표님의 패션에 대한 열정이 청소년들에게 전달되기를 바라며 글을 마칩니다.

청소년들의 진로와 직업 탐색을 위한
잡프러포즈 시리즈 85

패션으로 개성과 자신감을 표현하는

패션디자이너

2026년 01월 13일 초판 1쇄

지은이 | 곽현주
펴낸이 | 김민영
펴낸곳 | 토크쇼

편집인 | 박성은
표지디자인 | 이든디자인
본문디자인 | 문지현
홍보 | 이예지

출판등록 | 2016년 7월 21일 제 2023-000173호
주소 | 서울시 마포구 월드컵북로98, 2층 202호
전화 | 070-4200-0327
팩스 | 070-7966-9327
전자우편 | myys327@gmail.com
ISBN | 979-11-94260-70-7(43190)
정가 | 15,000원